偷袭珍珠港
"阴谋论"还是"耻辱日"

★ ★ ★

THE PACIFIC WAR
Conspiracy Theories Or Humiliation Day

侯鲁梁 ◎ 著

Wuhan University Press
武汉大学出版社

图书在版编目(CIP)数据

偷袭珍珠港："阴谋论"还是"耻辱日"/侯鲁梁著. —武汉：武汉大学
出版社，2013.9
(太平洋战争)
ISBN 978-7-307-11289-6

Ⅰ.偷…　Ⅱ.侯…　Ⅲ.日军偷袭珍珠港（1941）—史料　Ⅳ.E195.2

中国版本图书馆CIP数据核字(2013)第145364号

责任编辑：刘汝怡　　　　责任校对：于苗苗　　　　版式设计：张金花

出版：**武汉大学出版社**　　（430072　武昌　珞珈山）
发行：**武汉大学出版社北京图书策划中心**
印刷：北京毅峰迅捷印刷有限公司
开本：710×1000　　1/16　　印张：17　　字数：200千字
版次：2013年9月第1版　　印次：2013年9月第1次印刷
ISBN 978-7-307-11289-6　　定价：35.00元

人们总是处在回顾、思考、展望和进取之中。历史与往事是经验，是教训，总给人以启示，是为"师"也。今日之世界，和平与发展两大主题均未解决，五洲狼烟不断，尚无宁日可言。战争依然是人们不得不面对，不能不正视的一大威胁。诚然正义终会战胜邪恶，战争本身也终有消亡之日。而回眸战争的足迹，有助于人们探求其发生、发展及变化的规律，以为正义之胜利而谋，为人类最终之和平而计。《太平洋战争》系列丛书是为纪念第二次世界大战及中国人民抗日战争胜利而做，这正是其宝贵价值之所在。

太平洋战争是第二次世界大战期间反法西斯联盟国家反抗法西斯日本的战争，是人类历史上正义战胜邪恶的一场大较量。1941 年 12 月 7 日（日本时间 12 月 8 日）日本偷袭美国太平洋海军基地珍珠港，为太平洋战争拉开了序幕，第二次世界大战从而全面爆发。美、英、中、苏等同盟国与德、意、日法西斯轴心国，展开了历经数年的殊死搏斗。太平洋地区和中国大地作为"二战"的东方主战场，与西方欧洲战场的战事息息相关，影响着整个大战的走向与结局。研究太平洋战场的重要战事，对于探索第二次世界大战的来龙去脉，研究近代战争及其战法很有参考价值。

《太平洋战争》系列丛书作为全景军事读物，可谓风格特异，另有洞天。本书的策划者在总体设计、图文搭配与内容定位等方面，经过了长时间的缜密思考和慎重取舍；众多作者同仁经过了多方寻求挖掘，反复查阅、核实中外资料，比较客观地再现了史实。可以说，全书虽不如拍照一样原原本本，但对于历史事件的主体乃至重要枝节的记述都称得上忠实无误。如此翔实生动的史料，足以供人们深入地探索和研究几十年前发生的那场战争，揭示其庐山真面目。

作者们在著述中，不是对历史事件做长篇累牍的论述，而是运用大量文笔对特定的重要历史人物及主要事件进行生动鲜活、脍炙人口的描写与刻画，因而使这部由 11 分册组成的系列丛书既有史料朴质的原味，又有文学表述的魅力，着实令人拾卷难释。尤其是作者笔下对某些历史事件鲜活细节的描写，半个多世纪以来尚鲜为人知，更使人一睹为快。

本书的编辑手法别具一格，自有迷人之处。书中穿插了大量的原始照片、图片、地图，并辅以画龙点睛的文字说明，图文并茂，相映生辉。那些重现在读者眼前的一幕幕硝烟滚滚、惨烈悲鸣的昔日战争景象，着实让人少了几分研读史料的枯燥，增加了几分对野蛮战争的感知及对战争与和平的领悟。

总之，本书既有浓厚的军事论述色彩，又有赏心悦目的文学品位，称得上是一部少见的多元性作品。

更有，本书虽以太平洋战争为主题，却又以简洁的文笔反映日本军国主义的侵华始末及中国人民的抗日斗争，阐明了中国战场、远东战事与太平洋战争的关系。这也是本书编辑上的又一特色。众所周知，日本军国主义欲称霸世界的狼子野心由来已久。早在 1927 年 7 月，日本前首相田中义一就在其给天皇的秘密奏折中提出"欲征服中国，必先征服满蒙；欲征服世界，必先征服中国"。尔后，日本军国主义者就将这个"田中奏折"视为其策划和发动侵略战争的金科玉律。换句话说，其野心的实现，必须以中国为其进攻亚太乃至全世界的后方基地。而恰恰是中国人民不怕牺牲、前仆后继的抗日斗争，使日本军国主义在中国深陷泥潭而不能自拔，打乱了它的全盘计划，使其失去了实现野心的前提，从而也有力地支持了太平洋战场上美、英等联军从被动转向主动的作战，直至取得最后的胜利。

最后言及，参与本书编写的各位同仁都是从事军事研究和文学创作的行家里手，各个著作颇丰。策划人钟庆安于1965年毕业于解放军外国语文学院，后作为军事科学院的高级研究员从事军事研究和杂志编辑工作三十余年，对日本军事及其战史有其独到的见解。系列丛书《太平洋战争》就是他和他的战友们辛勤耕耘、集体合作的结晶。

本书将以其问世之应时、史料之丰实、学术内涵之博大及其别具一格的编写手法，为历史的纪念增辉。

谨以此为序。

李致中

21 世纪初期的国际局势，就总体而言，是和平、缓和、稳定的；但就局部而论，又是战乱、紧张、动荡的。维护和平，反对战争，特别是反对世界大战，是全世界人民共同的基本利益和愿望。

20 世纪前半期，人类遭受了两次世界大战的磨难。第一次世界大战中，被卷入的国家达 30 多个，协约国与同盟国死亡、伤残的人数各为 2000 多万。第二次世界大战的规模更大，其后果也更为严重。被战争卷入的国家多达 60 多个，人口超过 20 亿，仅中国和苏联的死亡人数就高达 6000 万，至于物质损失就更难以准确估计了。

世界人民再也不愿看到新的世界大战发生了。

中国人民饱受侵略战争之苦，从内心深处反对罪恶的战争，酷爱和平。中国人民正在一心一意地搞经济建设，非常需要一个良好、合作、和平的国际环境。

众所周知，人类史上最野蛮、最惨烈的第二次世界大战有两个战争策源地，一个是德国纳粹，另一个是日本军国主义。这两个狰狞、丑陋的黑白无常，本来就是人类史上的一对怪胎，一个在西方企图用铁血政策推行"欧洲新秩序"，另一个在东方妄想靠刺刀建立"大东亚共荣圈"。

作者的话

原军事科学院外国军事研究部研究员　钟庆安

为了实现其征服世界的狼子野心，它们把疯狂的侵略战争强加于那些爱好和平与自由的国家与人民。

"以史为鉴，可以知兴替；以铜为镜，可以正衣冠。"纪念反法西斯战争的胜利；和平盛世，未雨绸缪；再现战争的残酷性、破坏性，强化和平意识，警惕战争狂人卷土重来。这些就是我们撰写本系列丛书的真切愿望。

如果联系到日本政府在"二战"后对待这一段侵略中国和亚洲其他国家历史的暧昧态度和右翼团体的种种翻案活动，就更加让人担心和不平。人们不禁要问，日本的领导人无视中国、韩国和亚洲其他国家的抗议，一次又一次地参拜供奉着东条英机等大战犯的靖国神社其居心何在？日本政府通过右翼团体编写的歪曲历史、否定犯罪、为战犯鸣冤叫屈的《新历史教科书》，要让日本的中小学生学习怎样的历史？要将日本的新一代引向何方？

本系列丛书属于全景军事读物，全套丛书由 11 分册构成。它们分别是：

太平洋战争第 1 分册:《东亚霸主的野心——太平洋战争的开始》

太平洋战争第 2 分册:《偷袭珍珠港——"阴谋论"还是"耻辱日"》

太平洋战争第 3 分册:《肆虐的太阳旗——刚烈将军对决马来之虎》

太平洋战争第 4 分册:《缅甸之战——美英中联军的拉锯战》

太平洋战争第 5 分册:《拉包尔之战——制空权和制海权之战》

太平洋战争第 6 分册:《中途岛之战——情报的胜利》

太平洋战争第 7 分册:《瓜岛战役——可怕的消耗战》

太平洋战争第 8 分册:《马里亚纳大反攻——靠不住的绝对国防圈》

太平洋战争第 9 分册:《重返菲律宾——世界史上最大的航空母舰对决》

太平洋战争第 10 分册:《登陆日本——最后一战》

太平洋战争第 11 分册:《帝国末日——"蘑菇云"下的历史》

各分册结构独立，情节完整，在时间、地点、人物、主要事件等方面均经过详细考证，按战争的实际进程和主要事件展开，各分册又相互联系，在叙述和展开情节时注意衔接、避免重复、保持风格，力求反映太平洋战争的全貌，使该系列丛书具有史实价值、文学价值和收藏价值。

撰写的总原则是：从中国人的视角，以事件为线索，以文字加图片为表现形式，以可读性、可视性为着眼点；在材料的取舍和使用上，注意突出系列丛书的特点和风格，照顾到作战阶段（形势、意图、准备、实施、进程、结局）、作战样式（陆战、海战、空战）；力争做到事件与地区相结合、事件与人物相结合。

对于第二次世界大战及其太平洋战争的基本观点和评价，我们的基本观点是：有两个战争策源地，分别形成东西方两大战场。东方战场包括中国战场、太平洋战场、苏联远东战场。日本在其推行扩张政策的全过程中，一直把侵略中国置于其政策的中心地位，1941 年 12 月爆发的太平洋战争是中国战场的延续和扩大。中国战场和太平洋战场既有联系又有区别，其联系主要表现在作战对象相同、作战地域相接、作战时间有重合、作战的组织与实施有配合，其区别则主要表现在战争的开始时间、作战的组织与指挥、严格的地理概念、对战争全局的地位与影响等方面。

本系列丛书终于在众人期待之下与广大读者见面，在此对参与编著的所有老师谨致衷心的敬意。

钟庆安

目 录
Contents

引 言

一、在谈判的幌子之下

1941年夏日的一天，美国华盛顿。异常闷热的天气，使得以往熙熙攘攘的大街透着几许冷清。

在美国国务卿赫尔住所华德门花园公寓的一间密室里，已经进行了60多次的美日两国政府会谈，仍然在毫无生气地进行着。参加会谈的美国代表是国务卿赫尔，日本代表是日本驻美国大使野村吉三郎。

二、令人大吃一惊的作战计划

在史学界，有人说日本袭击珍珠港的计划不是日本人在东京首先想出来的，而是9年前由美国海军委员会在华盛顿制订的。这究竟是怎么一回事儿呢？

　　四季常夏的夏威夷，是太平洋上一个天堂般的地方。金色的海滩、划艇游戏、冲浪、夏威夷吉他、夏威夷歌谣、夏威夷妇女的民族服装和草裙舞……这一切都是那么令人向往。美国的巨大海军基地——珍珠港，就在这个群岛中的瓦胡岛上。

　　"日本驻夏威夷领事馆是瓦胡岛的间谍的温床。"一位美国人在珍珠港事件发生之前这样说。

　　在1941年，日本驻夏威夷领事馆是日本驻外机构中最忙的一个。在日本海军情报部门领导者们的心目中，它是海外最重要的机构之一。

　　进入1941年11月，日美之间的紧张气氛越来越强烈。几乎所有的日本人都明显觉察到，一触即发的战争乌云已经笼罩在太平洋上空。

　　尽管日本采取了一系列保密措施，但日军在偷袭珍珠港前仍暴露出许多征候。如果美国保持应有的警惕，损失不应当那样惨重。当然，如果美国人真的那样做了，珍珠港之战也就不会表现得那么充满传奇色彩了。

七、灾难突降

太平洋上空，渊田用高倍望远镜全神贯注地观察着。此时，他应该能看到远方的瓦胡岛了。

当渊田的目光穿过一条云缝望出去时，他高兴地喊出了声来："哈，瓦胡岛在那儿！"

八、美国怒吼了

第一轮空袭结束之后，珍珠港内出现了暂时的平静，只见好几艘四周和顶部涂有红十字的白色船出现在硝烟弥漫的海面上，以它那洁白的舰艏柱劈开火海，全速向正在燃烧着的舰船驶去，冒着爆炸的危险和燃烧着的烈火去抢救伤员。

1941年12月6日晚，一个令人惬意的周末。

美国太平洋舰队的主要基地位于夏威夷瓦胡岛南端的珍珠港，沉浸在一片欢声笑语之中。

月光皎洁如银，港内船桅林立。在这个大型军港内，密密麻麻地停泊着美国太平洋舰队的各种大中型舰只，它们都是在黄昏之前返航的。

海岸上灯火通明。海军俱乐部十分热闹，从里面不时地传出轻快悦耳的舞曲和青年男女开心的笑声。繁忙的街道上人来人往，车水马龙。

好一个太平洋上的不夜城！

美国太平洋舰队司令官金梅尔海军上将向来生活刻板，但在今天晚宴上也多喝了几杯。他觉得有些头晕目眩，时钟刚刚敲过10响就上床休息了。

午夜过后，喧闹的珍珠港渐渐平静下来。不久，军港便沉沉入睡了。

此时，就在离珍珠港不远的海面上，一支庞大的日本舰队正全速开来。

舰队高速行驶着，海面上留下一条长长的航迹。航

◆ 探照灯下的夏威夷夜景。

◆ 美国太平洋舰队基地——珍珠港。

空母舰的飞行甲板上，井然有序地摆满了双翼展开的飞机，引擎转动着，轰鸣着，仿佛在催人赶快升空。微微抖动的机翼下面，有的携带着巨型炸弹，有的挂着长长的鱼雷。这些象征死亡的铅灰色弹体，在月光下闪现着冷峻的寒光。

这是一支肩负奇袭珍珠港秘密使命的日本舰队，率领该舰队的是第1航空舰队司令官南云忠一海军中将。舰队于11月26日从日本千岛群岛的单冠湾出发，经过10天的远程颠簸，已经航行了3400海里，现在终于接近了它将要袭击的目标。

12月7日晨6时许，飞机起飞的轰鸣声打破了黎明的寂静。

◆ 珍珠港攻击飞行队总指挥官渊田美津雄中校。

　　先后有183架飞机一架接一架地从航空母舰上起飞……

　　飞在最前面的飞机，是袭击珍珠港的空中攻击队总指挥官渊田美津雄海军中校的座机。后面是由50架水平轰炸机、40架鱼雷机、50架俯冲轰炸机和43架制空战斗机编成的混合机群。这一阵容庞大的攻击机群不过是计划中的第一攻击波，大约一个小时之后还有由167架飞机组成的第二攻击机群。

　　云高3000米，在云层上飞行的机群正以迅雷不及掩耳之势向瓦胡岛偷偷地扑去。

　　可是，包括美国太平洋舰队司令金梅尔将军在内的所有美国人都不知道，珍珠港即将大难临头，他们以为今天也将像昨天一样平安无事。

　　檀香山时间7时40分（东京时间8日3时10分），从航空母舰上起飞一个半小时后的第一攻击波机群，到达瓦胡岛北部上空。机群立即按计划好的部署展开，准备实施攻击。

　　珍珠港上空的云层已经消散。掠过瓦胡岛北部的群山，可以远远地看到珍珠港。

　　渊田总指挥官拿起望远镜，看到港内正好停泊着他们要攻击的主要目

◆ 在瓦胡岛贝洛斯机场海边搁浅的日海军袖珍潜艇。

标——太平洋舰队的主力舰。

灾难就要降临，可沉睡之中的珍珠港却毫无觉察。

"攻击！"渊田发出了揭开太平洋战争序幕的命令。这一在人类战争史上令人难以忘记的时刻，是檀香山时间1941年12月7日7时49分（东京时间12月8日3时19分）。

在这一瞬间，勉强维系着的日美之间的和平纽带突然绷断了。

日本战机投下的炸弹和鱼雷，把珍珠港星期天早晨那平静安谧的气息撕得粉碎。大地震颤，海水翻腾，浓烟滚滚，火龙升腾。雨点般的炸弹和扫射把机场上排列得整整齐齐的美机打得横七竖八，支离破碎。爆炸的鱼雷和重磅炸弹在海面上掀起几丈高的水柱，把一艘艘锚泊的战列舰炸得东倒西歪，或沉或损。而海湾里美军的防空火炮此时还都蒙盖着炮衣，天空中看不到一架迎战的美军飞机。睡梦中的美军官兵，丈二和尚摸不着头脑，有的惊恐万状，有的呆若木鸡。

转眼之间，珍珠港往日的粼粼碧波，变成一片黑红色的火海；昔日蔚

◆ 珍珠港水面上燃烧着漂浮的石油，夏威夷的天空黯淡无光。映入眼帘的尽是一股股冲天而起的巨大黑烟柱。

蓝色的海空，变得浓烟蔽日。

"我奇袭成功！"在渊田的座机里，拍发电报的无线电兵的手在颤抖。电波迅速传向东京、菲律宾、马来亚，传向香港、关岛、威克岛……

1941年12月8日6时（东京时间），日本政府通过广播电台播发了日本大本营发表的公报。播音员激动地说："帝国陆海军于本月8日凌晨在太平洋对美英进入了战争状态。"

这一天，日本颁发了宣战诏书，驱使这个帝国走上了无可挽回的灭亡的道路。

腥风血雨的太平洋战争，就这样开始了。

日本为什么要割断"勉强维系日美之间的和平纽带"，突然发动震惊世界的偷袭珍珠港事件呢？

在谈判的幌子之下

ZAI TAN PAN DE HUANG ZI ZHI XIA

　　1941年夏日的一天，美国华盛顿。异常闷热的天气，使得以往熙熙攘攘的大街透着几许冷清。

　　在美国国务卿赫尔住所华德门花园公寓的一间密室里，已经进行了60多次的美日两国政府会谈，仍然在毫无生气地进行着。参加会谈的美国代表是国务卿赫尔，日本代表是日本驻美国大使野村吉三郎。

1941年夏日的一天，美国华盛顿。异常闷热的天气，使得以往熙熙攘攘的大街透着几许冷清。

在美国国务卿赫尔住所华德门花园公寓的一间密室里，已经进行了60多次的美日两国政府会谈，仍然在毫无生气地进行着。参加会谈的美国代表是国务卿赫尔，日本代表是日本驻美国大使野村吉三郎。

谈判进行得很不顺利。当时，在大西洋上，美国护航船队正遭到德国潜艇日益严重的威胁。在远东，日本同荷属东印度（今印度尼西亚）殖民当局之间的谈判一直停滞不前，日本政府竟以召回谈判代表的招数向对方施加更大的压力。这些，都给美日会谈增添了沉闷的气氛。

其实，美日之间的争端，由来已久。

早在19世纪末期，日本就开始与美国争夺亚洲和太平洋地区的霸权。

第一次世界大战中，日本政府乘西方列强无暇东顾之机，在中国大捞好处，疯狂地进行经济掠夺，并以对德宣战为名，将魔爪伸向青岛、济南等地，霸占了山东全省。日本借机把四面楚歌的德军从太平洋上的一些岛屿上驱走，把这些岛屿据为己有。日本还通过外交手段，使自己成为国际联盟常任理事国之一，取得了大国的身份证。在这一段时间内，日本的势力范围迅速扩展。然而，已经看到了日本的狼子野心并感到日本对自己利益构成威胁的美英两国在给德国战马套上《凡尔赛和约》的缰绳之后，又决定联手抑制日本咄咄逼人的势头。1921年8月，英、日、法、意、比、荷兰、中国先后接到了参加华盛顿会议的正式邀请，讨论"海军裁军问题"和"远东太平洋问题"。当时，日本海军正在推行以8艘战列舰、8艘巡洋舰为基干的"八八舰队"扩军计划。日本政府清楚地知道美英的所谓

　　"远东太平洋问题"是针对日本扩军而来的，是霸王硬上弓，但此时的日本是无力与美英硬碰硬的，结果只有忍气吞声地去赴"鸿门宴"。1921年11月12日，有"远东的巴黎和会"之称的华盛顿会议正式开幕。会议上，美国利用英国在经济上对自己的依赖，频频向英国施加压力，迫使英国放弃了英日同盟，签订了《四国公约》，并迫使列强正式承认了美国的"门户开放"政策，从而在远东及太平洋地区取得了梦寐以求的霸主地位。相反，日本除丧失了英同盟国外，海军力量的发展也受到严格限制。根据会议通过的《华盛顿限制海军军备条约》的规定，美、英、日三国主力舰吨位的比例分别为5：5：3。这对日本人来说，是大丢面子的事情，是套在日本头上的紧箍咒！这是日本自甲午战争和日俄战争以来遇到的最大挫折，也是日本刻骨铭心的耻辱。

　　在傲慢的美国人面前，日本人决不甘心俯首称臣。1934年12月29日，日本大使斋藤在华盛顿向美国国务卿赫尔通告，日本政府将于1936年底终止《华盛顿限制海军军备条约》。1940年9月27日，日本与德、意结成军事同盟，企图通过三国结盟共同对抗美国，进而实现其称霸世界的野心。《德意日三国同盟条约》的第三条暗示，美国不得卷入欧亚战争。日本人的这一举动自然激起美国政府的愤怒。

　　1941年6月22日，纳粹德国闪击苏联，德军的装甲部队在几天之内全面突破苏联的边防线，希特勒叫嚣"在6个星期之内消灭苏联"。消息传来，日本军国主义分子兴奋不已。日本当局中久已垂涎西伯利亚、极力主张向北扩张的"北进"派，摩拳擦掌，跃跃欲试。他们认为，远东苏军必将西调，日本应当立即配合德国的进攻，从背后打击苏联，以期在寒冬降临之前夺取西伯利亚。但是坚持向太平洋发展的"南进"派则认为，正因为苏联穷于对付德国，减少了日本的压力，这才是千载难逢的"南进"机会。这样，在日本统治集团中，就形成了一场选择"南进"还是"北进"的大争吵。

6月22日这一天，极力主张"北进"的日本外务大臣松冈洋右，正在招待汉奸汪精卫观看日本的歌舞伎表演。当他在剧场中得知德苏战争爆发的消息后，立即中途退席，跑到天皇裕仁那里献计献策，然后又找现任首相近卫麿磋商，力主配合德国东西夹击苏联，暂缓南进行动；如果美国参

◆ 东条英机。

◆ 参拜靖国神社的东条英机。

战，则立即与苏、美、英三国开战。裕仁天皇和近卫首相担心形成"两面作战"，怀疑日本力敌三国的能力，所以没有采纳松冈的意见。

其实，日本当局未尝不想"北进"，只是认为时机还不成熟，要等条件更为有利时才能进行。早在5月中旬，日本从驻德使馆那里获悉德国对苏联即将开战的情报后，陆相东条英机就曾把"北进"论者称为"采摘涩柿子的人"。他提出了"熟柿子策略"，也就是"要等柿子完全熟透，快要掉落下来时再采摘"。日本海军中的多数人更是坚决主张"南进"，占领泰国和法属印度支那，如受英美阻挠，则不惜对美英开战。

日军当时正深陷中国战场而拔不出脚来，它所获取的战略物资越来越难以满足战争中的大量消耗。因此，近卫首相、海军和陆军中的一些实力派人物坚持首先"南进"。他们认为，要利用美国的犹豫和害怕爆发太平洋战争的心理，向太平洋发展，以夺取东南亚的丰富战略资源。其方针是：先夺取印支南部，切断中国南方的国际通道，拖垮中国；进而占领泰国、荷属东印度、马来亚诸地，攫取石油、橡胶、锡、大米等资源，建立自给自足的军事基地，以支持一场与美英争夺太平洋霸权的战争。其实，"南进"派也不想放弃北方。他们的想法是，先让德国替日本打头阵，让希特勒去火中取栗，等苏联的实力大为削弱后，日本再坐享其成。到那时，日本唾手可得西伯利亚。

从6月25日到7月1日，日本大本营和内阁先后举行了六次联席会议，讨论陆军和海军制订的"南进"计划。在会议上，外相松冈仍大唱"北进"的调头。经过激烈的争吵后，主张"南进"的实力派占了上风。

7月2日，御前会议基本上按陆、海军上报的原案通过了《帝国国策纲

◆ F.D.罗斯福。

要》。《纲要》确定："不论世界形势如何演变，帝国均将以建设'大东亚
共荣圈'……为方针"，"帝国依然向处理中国事变目标前进，并为确立自
存自卫基础，跨出南进的步伐"。为此，日本决心"不辞对英美一战"，并
提出，"如德苏战争进展对帝国有利时，则行使武力解决北方问题"。

日本的南进战略，严重损害了美国的利益，使美日双方在根本利益
上尖锐对立。所以，在谈判桌上日美双方的代表唇枪舌剑，谁也不肯退
让半分。

美国第32任总统罗斯福，政治家、战略家。在第二次世界大战的全过程中，担任美国的领导人、决策者，被誉为反法西斯的坚强斗士。1945年4月12日因患脑溢血在佐治亚州温泉疗养院逝世，任中未能亲眼看到盟军的最后胜利，享年63岁。

7月24日，美国总统罗斯福警告日本谈判代表野村：如果日本继续向荷属东印度推进，那就是远东的全面战争。罗斯福表示，愿意以石油换取印支的中立化，维持太平洋的和平。

但是，日本不顾美国的反对，坚持派兵"进驻"了法属印度支那南部。

7月26日，罗斯福发表声明，宣布冻结日本在美国的资产，以防止日本利用美国的财政金融设备和日美间的贸易危害美国的利益。

同日，英国宣布废除《英日通商航海条约》《印日通商条约》和《缅甸日本通商条约》，荷属东印度废除了《日荷石油协定》。

28日，日本采取报复措施，宣布冻结美英两国在日本的资产。

8月1日，美国宣布对所有侵略国家，尤其是日本实施石油禁运，同时宣布除棉花和粮食外，禁止一切其他物资向日本出口。

8月15日，美国宣布禁止一切货物运往日本。

至此，日美之间一切金融、商业活动完全停止，日美谈判陷入僵局，两国关系到了断交的边缘。

当得知美国将对日本实施石油禁运时，日本海军军令部长永野修身向天皇强烈表示：与其坐待石油日渐枯竭，倒不如先发制人。永野的建议得到日本军国主义者们的赞赏。

1941年8月初，即在美国禁运石油之后，日本当局仔细计算了石油的消耗量。当时日本的石油储存量是940万吨，国内每年能够开采的石油是40万吨，能生产的人造石油是30万吨，而日本每月的消费量就达到45万吨以上。如果不能进口，不到两年，石油库存就将消耗殆尽，军舰和飞机都将动弹不得。在这种情势下，日本当权者决定用战争解决问题，加快了备战的步伐，妄想通过军事上的胜利来摆脱困境，达到其侵略扩张目的。

为了达成突然袭击，速战速决，日本当局决定以和谈掩护扩军备战，麻痹对手。于是，在日本军部磨刀霍霍，加快"南进"步伐的同时，日本政府8月7日却提出了日美首脑在夏威夷的火奴鲁鲁（即檀香山）直接会谈，以和平解决两国争端的倡议。

8月26日，日本首相近卫征得军部的同意，给罗斯福写了亲笔信，大言不惭地说："在全世界战乱当中，日本和美国是掌握着国际和平锁钥的最后两个国家。如两国关系照目前情况继续恶化下去，不仅其本身是一个悲剧，而且还意味着世界文明的崩溃。"近卫假惺惺地表示，日本"渴望维持太平洋的和平"，为消除"相互猜疑和误会"，排除"第三国的暗算和操纵"，希望亲自会见美国总统，以便"坦率地阐明双方的见解"。近卫无耻地把自己打扮成和平天使，似乎世界和平就得靠日美两国首脑来拯救了。其实，他鼓吹日美两国决定世界大势，无非是要美国迎合并适应日本的要求，接受日本对亚洲太平洋地区的霸主地位。

但是，要美国放弃在亚洲太平洋地区的利益谈何容易？这时，美国已和英国签订《大西洋宪章》，迫使英国就范，接受美国关于世界范围的"机会均等"的要求，美国也看到了苏联举国上下斗志昂扬，能够顶住法西斯德国这股祸水，和英苏结盟，对它有利，因此，对日本的态度趋向强硬。

8月17日，罗斯福会见野村时，对首脑会谈避不作答，还提出警告：日本如以武力支配邻近国家，美国为确保其本身权利，必要时不得不采取一切手段。10天以后的8月28日，野村递交了近卫致罗斯福的亲笔信。9月3日，美国政府答复赞成举行首脑会议的宗旨，但要日本首先确认美方谈判代表赫尔提出的四项原则，即：尊重各国领土和主权完整；维护不干涉他国内政的原则；维持包括商业在内的机会均等原则；不扰乱太平洋现状，除非现状可用和平方法改变之。但是，日本拒绝确认"赫尔四原则"，两国首脑会谈不了了之。

此时，日本射向美国之箭已搭在弦上。就在日本向美国表示"和平诚意"后的第三天，日本陆军"南方登陆作战"训练已接近完成；海军也全面完成了战时编制，舰上人员和新兵都已登舰待命；日本联合舰队还特地挑选了四面环山、港口狭隘、地势与珍珠港相似的鹿儿岛湾进行低飞俯冲训练；海上加油的训练也早就开始了。日本偷袭珍珠港的准备日趋完备，陆、海军军部要求尽早开战的呼声也日益高涨。

8月16日，在日本陆、海军的部长、局长会议上，制订了一项由海军草拟的《帝国国策施行要领》，9月6日的御前会议通过了上述侵略方案，决定对美开战。《要领》规定："在不辞对美（英荷）作战的决心下"，"对美英尽量采取外交手段，努力贯彻帝国要求"，在"外交谈判到10月上旬尚未达到我方要求的情况下，立即下定决心对美（英荷）开战"，并确定以10月15日为结束谈判的期限。

就在日本御前会议决定开战的当晚，近卫还特地按照美国所欣赏的"个人外交"的一套，在"极端秘密"的状况下，约请美国大使格鲁举行晚餐会谈。席间，近卫对"赫尔四原则"表示"衷心赞同"，并再一次建议举行首脑会谈，而且保证说，他已经得到陆军、海军的一致支持，届时，当有陆军、海军的高级官员参加，等等。格鲁深受感动，立即电告本国政府。但是，格鲁哪里知道，同样是这个近卫，在几小时前却亲手交给御前会议一个内容完全相反的决议案！

在9月6日御前会议内定的谈判限期即将到来的时刻，日本统治集团内部就是否立即开战问题，发生了一场大争论。

10月12日，日本军政首脑举行会议。在会上，陆军大臣东条英机坚持不改变9月6日的决定；海相及川态度暧昧，表示开战与否由首相决定，如开战则越早越好；首相近卫和外相丰田贞次郎主张再拖一下。近卫认为，日美谈判的最大症结是在中国的驻兵问题。他建议："此际舍名而取实，形式上依美国提议，实际上同样得到驻兵的结果，岂非良策？"但东条表示："驻兵问题为陆军之生命，绝对不能让步"。他杀气腾腾地嚎叫，"与其继续举行毫无意义的谈判，坐视时机飞逝，不如即刻行动。"

会议经过激烈的争吵，仍无结果。这说明日本统治集团在决定开战的最后一分钟，实际上心里发虚，表现极为混乱。在日本统治集团内部，尽管称霸亚洲和太平洋的目标完全一致，但对形势的估计和双方力量对比的判断却不一样。东条等人认为，日美在太平洋的实力对比已经不相上下，日本的羽毛已经丰满，且时局对日本极为有力，已经没有必要再拖延下去。而优柔寡断的近卫却顾虑重重，当断不断，临阵脚软。

在这种情况下，日本军部感到近卫这张牌已经失去了他应有的作用，因此决定将他甩掉，定下了倒阁的决心。

10月13日，近卫被迫辞去首相职务。内阁大臣木户幸一等人提名东条英机继任首相。经过各派力量之间的较量，最后，日本天皇决定，由东条英机上台组阁。

是年57岁的东条英机，早年秃顶，脸色铁青，贼眉鼠眼，鼻头下留着一小撮山羊胡子，鼻梁上架着一副深度近视眼镜。他心如蛇蝎，手如刀斧，故有"剃头刀"之称。

◆ 东条英机于开战前2个月登上日本首相宝座，任职后立即发动太平洋战争，1944年7月因塞班岛被美军攻占而被迫总辞职。战后被远东国际军事法庭审判，处以极刑。

东条出身于东京一个大军阀家庭，其父东条英教是日本陆军中将，曾发动和指挥过侵略中国的甲午战争，被老牌日本军国主义者誉为"陆军之宝"。东条英机从小就受到军国主义和武士道精神的熏陶，骨子里渗透了"好战"的基因。19岁那年，东条英机经东京陆军幼年学校、陆军中央幼年学校进入法西斯将校的摇篮——陆军士官学校学习。1915年，进入日本陆军大学深造。毕业后，他历任驻德大使馆武官、陆军省动员课课长、步兵团团长、参谋本部编制动员课课长等职。1935年，51岁的东条被任命为日本关东军宪兵队司令兼警务部长，1938年任陆军次官，1940年7月任陆军大臣。在中国东北期间，他大开杀戒。据他自己后来说，用刺刀砍杀中国老百姓"不费举手之劳，缚鸡之力"。东条是参与策划卢沟桥事变的大战犯之一，是中国人民的死敌。

1941年10月18日，日本东条内阁成立，东乡茂德出任外相，东条本人一身兼任首相、陆相、内相三职，以后又兼任日军参谋总长，准备发动太平洋战争的战时内阁的色彩已经一目了然。

东条内阁上台后，全面推行战争政策，对谈判已经没有诚意，所以此时的谈判完全成为掩护其战争意图的烟幕和争取时间的手段。这样，谈判必定要破裂，剩下的只是什么时间破裂的问题。

东条一上台，就急于开战。从10月23日起，日本当局连续召开了9天的政府与大本营联络会议，围绕何时对美开战及谈判期限问题进行了激烈的讨论，直至11月2日凌晨1时30分，才最后取得一致。

11月5日，御前会议通过了《帝国国策实施要领》。《要领》指出：一、日本"为打开目前危局……建设大东亚新秩序，现在决心对美英荷开战"，"发动武装进攻的时期定为12月初，陆、海军应完成作战准备"；二、如在12月1日零时以前对美谈判取得成功，即中止发动武装进攻。

事实上，所谓"中止发动武装进攻"完全是一句空话，参谋本部的骨干分子就曾露骨地说："12月初发动战争，今后和美国谈判是伪装外交。"

此次会议还制订了对美谈判最后方案的甲、乙两案。

甲案提出：日本可以答应美国关于对华贸易无差别原则的要求，如果全世界都能普遍施行这一原则的话；日本可以从法属印度支那撤军，但要在解决"中国事变"、确定远东和平之后；日中签订和约后的两年内，除华北、内蒙、海南岛仍须继续驻军外，日本也可以从中国开始撤军，但必须确保日本的"安全"。关于三国同盟问题，日本参战与否由日本自行决定，但方案未做日本不攻击美国的保证。

乙案是甲案不成立时的代替方案。这个方案完全没有触及三国同盟、从中国撤军以及贸易无差别等问题，只约定日本从法属印支南部撤军，如果"中国事变"得到解决或太平洋地区取得"公正"和平，也可以从整个法印撤军。这种让步的条件是：美国不得干预日中和谈，要逼蒋介石投降，恢复资产冻结以前的日美贸易关系，对日本供应石油，协助日本取得荷印资源。也就是说，日本独吞中国，称霸西太平洋，而美国却必须源源不断地向它提供作战物资。

根据日本御前会议的决定，东乡电告野村，要他首先提出日本的甲案，如美方拒绝接受，再提出作为最后方案的乙案。同时，还加派特使来栖三郎协助野村谈判。

11月7日，野村向赫尔递交了甲案，赫尔于11月14日正式拒绝这个方案。

11月26日，赫尔对野村和来栖表示，也不能同意日方的乙案。同时，赫尔还交给日方一份《美日协定基本纲要》草案，其中包括4点口头声明和10点备忘录，这就是所谓的"赫尔备忘录"。其要点是：为了签订新的贸易协定和解冻资产，特提出以下交换条件：日美两国同意遵守美国历来主张的各项原则，两国倡议一切与远东有关的国家签订互不侵犯条约；日、美、英、中、荷缔结互不侵犯条约，日本从中国和法属印度支那撤出一切陆海空军和警察力量；日本撤销对汪精卫政府和"满洲国"的承认；日本放弃《德意日三国同盟条约》。在日本接受上述方案后，日本的资产将被解冻，互相实行最惠国待遇，签订贸易协定，稳定美元与日元的兑换率。

11月27日，日本当局经过讨论后认为："赫尔备忘录"是对日本的最后通牒；日本不能接受"赫尔备忘录"；美国已下决心要同日本打仗。11月28日，日本政府电告野村："'赫尔备忘录'是对日本的无理建议，日本政府断然不能以此为谈判的基础。我方对这个建议的答复，两三天内就能通知大使先生。日美谈判实际上可能因此就破裂了，但不要给美方留下中止谈判的印象。"

11月30日，日本政府电告其驻德大使："请阁下立刻会见希特勒总理和外交部长里宾特洛甫，并秘密地对他们说，……日本与益格鲁—撒克逊民族之间有通过某种武装冲突的方式突然爆发战争的极大危险，并告诉他们这场战争的爆发时间可能比任何人想象的要来得快。"

事实上，就在美国提出"赫尔备忘录"的同一天，日本偷袭珍珠港的海上编队已经秘密启航。

12月2日，日本大本营和政府联席会议开会，讨论在什么时间、用什么方法将宣战书递交美国，以便既做到符合国际惯例的先宣后战，又在战略上达成突然袭击。

华盛顿时间12月7日4时37分，日本政府把致美国政府备忘录的最后一部分发往华盛顿。电文中指示野村：这份备忘录不用打字员打字，而且要在华盛顿时间7日13时（东京时间8日3时）准时送交美方。这个时间距离日本预定对珍珠港发起攻击的时间仅有半小时！

但是，由于需要办理事务手续，野村和来栖在7日14时10分才将备忘录递交赫尔，这时日本海军飞机的炸弹已经于40分钟前落在了珍珠港。真是"偷鸡不着蚀把米"，日本由此落得个不宣而战的骂名。

公开的和平攻势

1940年7月，为了推行"大东亚新秩序"，日本内阁决心"对美采取毅然决然的态度"，关键时刻，"不惜一战"。9月，德、意、日正式签

◆ 1940年11月，日本退役海军上将野村吉三郎受任驻美大使。当时野村已年过64岁，在日本军政界颇具影响，而且又是美国总统罗斯福的老朋友。

署三国同盟条约。同月，日本出兵占领法属印度支那北部，并强索荷属东印度在今后五年里每年向日本提供石油300万吨。英美对日本态度趋于强硬，美国限制对日出口，援助中国抗战。美日摊牌只是时间问题。

日本为了争取军事准备时间，麻痹对方，遂任命前外相野村吉三郎为驻美大使，想利用野村曾担任过驻美使馆海军武官并与当时任海军部长助理的罗斯福总统关系甚密的"老朋友"身份，让美国做出重大让步与妥协。1941年1月，野村大使登上横滨码头，对送行的人们和记者大讲什么"日本和美国没有理由兵戎相见"。

野村大使一开始便提出了一个狮子大开口的"日美谅解方案"，对此，美国国务卿赫尔针锋相对地提出了一个"四项原则"。由此开始了马拉松式的外交谈判。

◆ 野村走马上任途经夏威夷时，在"镰仓丸"船上与夏威夷地区陆军部队司令官海隆中将（左）和美太平洋舰队司令官理查森上将（右）会面的情景。

　　1941年7月，日本为了加快"南进"进程，换掉了坚持"北进"的松冈外相，用原海军上将丰田贞次郎取而代之。而罗斯福总统不断对日施加压力，对日实行石油禁运，并宣布冻结日在美资产。在这种紧张气氛中，野村于8月提议日美首脑会晤。赫尔半信半疑，反应冷淡。

　　9月6日，日本大本营御前会议通过《帝国国策施行纲要》，决心"如外交谈判到10月上旬仍达不到目的，就立即下决心对美英荷开战，在10月下旬完成战争准备"。同日，日本政府断然拒绝赫尔的四项原则。10月15日，强硬派头子东条英机对"战争如无百分之百的把握就应避免"的近卫首相演了一场逼宫戏，造成近卫辞职。东条如愿爬上首相宝座，同时兼任陆军大臣和内务大臣，集军政警大权于一身。在他的策划下，全面的军事准备紧锣密鼓地进行着，战争机器加速运转。

　　10月下旬日本召开御前会议，决定把对美开战的日期定在当年12月初。

　　11月15日，日本又故作姿态，派出"和平特使"来栖三郎赴美。5天后，来栖和野村抛出了日本的"最后建议"。11月17日，日本特使来栖和大使野村，在美国国务卿赫尔的陪同下，谒见罗斯福总统。罗斯福要求日本马上从中国撤军，日本特使拒绝了罗斯福，美日谈判走进了死胡同。

　　11月20日，特使来栖向赫尔递交照会，强硬要求美国解除对日本的经济制裁，停止对中国抗战的援助，并表明这是日本的最后立场。

　　11月27日，日本攻击舰队出发的第二天，日本特使在赫尔的陪同下，再次谒见罗斯福，重申日本的"诚意"。罗斯福向日本发出警告："如果日本奉行希特勒主义，最终将导致失败。"

　　12月6日，星期六，即珍珠港事件的前一天，美海军部已经截获并破

◆ 来栖三郎特使。

◆ 美国国务卿赫尔

◆ 1941年11月15日（离偷袭珍珠港的时间不到一个月），
日本特使来栖三郎赴美。

◆ 日美外交谈判代表：日本驻美大使野村（左）、美国国
务卿赫尔（中央）、日本特派大使来栖（右）。

译了日本政府发给野村大使转呈美国政府的最后通牒——"14段电报"，要他照会美国政府，日本政府拒绝美国政府的建议，声明"谈判实际上已经破裂"。可是，野村及来栖却迟至12月7日偷袭珍珠港军事行动开始后的一个小时，才把对美国宣战的"14段电报"交给赫尔国务卿。赫尔气愤地说："在我50多年的公职生涯中，从未见过如此恬不知耻、充满虚伪与歪曲事实的文件，也不知道世界上还有如此谎话连篇和强词夺理的国家！"

二

令人大吃一惊
的作战计划

LING REN DA CHI YI JING
DE ZUO ZHAN JI HUA

在史学界，有人说日本袭击珍珠港的计划不是日本人在东京首先想出来的，而是9年前由美国海军委员会在华盛顿制订的。这究竟是怎么一回事儿呢？

在史学界，有人说日本袭击珍珠港的计划不是日本人在东京首先想出来的，而是9年前由美国海军委员会在华盛顿制订的。这究竟是怎么一回事儿呢？

故事要追溯到20世纪30年代初期。

从30年代初期，美国就把日本当作自己未来的作战对手。1932年2月，美国进行了一场以日本为假想敌的军事演习，演习的总指挥是哈里·亚纳尔海军上将，这位热心航空事业的将军此时已看到了航空母舰在未来海战中的地位和作用。他率领一支以2艘航空母舰（"萨拉托加"号和"列克星敦"号）和4艘驱逐舰为基干组成的拥有200艘军舰的庞大特混舰队，去远程奔袭珍珠港，以检验美国海军基地珍珠港的防御能力到底怎么样！

亚纳尔坐在旗舰"萨拉托加"号的指挥室里，率领舰队高速向西行驶，在距瓦胡岛还有24小时航程时，天空中恰好乌云低垂。亚纳尔的舰队借着天气的"掩护"，神不知鬼不觉地直逼珍珠港……

1932年的2月7日，恰恰也是一个星期天。当亚纳尔率领的舰队到达瓦胡岛东北180公里的海域时，离日出还有半小时。黎明前的黑暗笼罩珍珠港，这个世界上最大的军港正处在沉睡之中。

亚纳尔一声令下，152架舰载机一架接一架地从颠簸的航空母舰上起飞。在空中编好队形后，庞大的机群铺天盖地地直扑珍珠港。

转眼之间，机群已经到达珍珠港上空。沉睡中的美国海军基地就在机群下方，它对悄悄到来的"不速之客"毫无戒备。

大规模的"空袭"开始了。毫无还手之力的珍珠港瞬间陷入瘫痪，空袭的飞机没有受到任何抵抗，"进攻者不费吹灰之力，就完全掌握了制空权"。

"我相信，从航空母舰上起飞的舰载机，能够轻而易举地炸沉停泊在港口内的每一艘舰只。"亚纳尔海军上将从这次"袭击"中做出了这样一个肯定的结论。

日本人对美军的这次演习很感兴趣。当得知美军将举行"袭击"珍珠港演习之后，日本海军派出了"襟裳"号特务舰（油轮），以"去美国西海岸购买石油"为名，行实地侦察之实。

这艘特务舰上有几个不寻常的人物。深町让少校，是出军令部派出的电子通讯谍报专家，在舰上担任的公开职务是通讯长；小川贯玺少校，是日本军令部的"美国通"。此外，日本海军方面还在舰上安置了不少精通通讯谍报工作的技术士官，充当深町让少校的助手，并在舰上安装了一套当时最先进的无线电监听装置。

在派出特务舰的同时，日本还指示潜伏在瓦胡岛上的日本间谍全力搜集美国这次演习的情报。

特务舰进入美国舰队进行演习的海域后，谍报人员采取一切措施监听美军的无线电波，全力搜索有关美国这次演习的规模、部队编制和演习经过等重要情报。

与此同时，潜伏在瓦胡岛上的日本间谍也忙开了。就在美机"偷袭"珍珠港的那一瞬间，他们已潜伏在各个有利地点进行着实时观察：海港周围浓密的树林中闪现着他们的身影，海面荡漾的舢板上有他们的"垂钓者"。

令美国人始料不及的是，这次演习的计划和结论倒帮了日本的大忙，

◆ 日本联合舰队司令山本五十六上将

日本所收集到的情报，竟成了日后日本人制订偷袭珍珠港计划的重要依据之一。

珍珠港事件之后，一些曾经驾机参加过1932年演习的美国飞行员，当读到日本偷袭珍珠港的详细报道时惊呼："这一步，那一步，完全跟我们9年前的演习一模一样。"

当然，说偷袭珍珠港的计划是由美国人制订的，只不过是一种历史夸张的戏说而已。尽管日本人偷袭珍珠港与美军当年所进行的演习十分相似，但偷袭计划的确是日本人自己制定出来的。

制订这个计划的主谋，是日本联合舰队司令官山本五十六海军上将。

1941年1月初的一天，在日本广岛湾的柱岛抛锚的3.2万吨级 "长门"号战列舰随波摇荡。座舱里，一个端坐着的日本军人正在冥思苦想。此人1.59米的矮个子，肩膀上戴着显眼的上将肩章，胸前挂满了勋章和奖章。比这些服饰更引人注目的，是一幅威严而有特色的面孔。在这张脸上，颧骨线条分明，下颌突出，在笔直的鼻子下，饱满的嘴唇像是用刀

◆ 登乘潜水艇的山本五十六。

◆ 在联合舰队旗舰"长门"号舰桥上的山本司令官和宇垣参谋长。

◆ 联合舰队旗舰"长门"号。

切割出来的一样，大而有神的眼睛上方刻着两道短粗的浓眉，再往上看，却是稀稀拉拉的满头灰发。此人正是山本五十六，一个富于幻想、敢于冒险、具有坚强意志和魄力的人。

　　山本五十六早年从军，1924年12月被任命为创建才3年的霞浦海军航空队的副队长兼教育长。他虽然是一个地地道道的海军舰炮专家，却对海军航空兵情有独钟。在他的大力推动下，霞浦海军航空队成了一个向日本海军输送优秀飞行员的重要基地。30年代初，山本出任第1航空舰队司令官，他抓住这个机遇使舰载机成为海军中的一个很有战斗力的部分。1936年12月，山

◆　山本五十六海军上将，1939年8月任联合舰队司令官，策划偷袭珍珠港和中途岛海战，1943年4月在南太平洋前线被美机击毙。

◆ 山本和他的参谋们。

本被任命为海军航空本部部长后，在自己的权力范围内，不遗余力地重点发展海军的空中力量，使日本拥有了在当时领先世界的海军飞机。

山本的性格十分特殊，一些他爱用来自勉或用来赢得尊敬的格言，可揭示他的思想特色："厉害的鹰藏起双爪"；"逼急了，耗子也要咬猫"；"不入虎穴，焉得虎子"。作为一个大胆的有独特见解的战略家和老赌棍，他最喜欢玩有竞争性的将棋、扑克或桥牌。山本经常要身边的人陪他通宵打扑克，条件是谁先提出不玩就算认输。山本的一位部下说："在赌博时，山本总爱冒险，正如他在海军战略中一样。他有一颗赌徒的心。"

1941年1月7日，山本五十六向海军大臣及川古志郎上将递交了他的

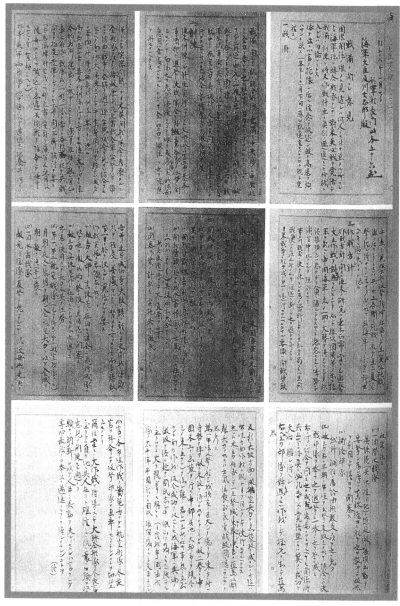

◆ 山本的"战备意见书"。

注：山本的原信件已经被海军大臣及川古志郎读后烧毁。

经过深思熟虑之后提笔疾书的"战备意见书",第一次正式表明了他对夏威夷作战的设想。他特别强调"要有胜败决于第一日的思想准备"。他的作战方略是："开战之初,就猛攻猛打,一举摧毁敌之主力舰队,使美国海军和美国人民彻底丧失斗志。""如敌主力舰队之大部停泊在珍珠港内,则用飞机编队将其彻底击破并封闭该港口(停泊在珍珠港以外港口亦然)";"如敌之主力舰队先我从夏威夷主动出击,则以我决战部队予以迎击,一举将其歼灭之"。山本还对此次作战的兵力使用及其任务做了详细的论述。

山本五十六提出的作战思想,一改日本海军过去对美的"邀击作战"方略。传统的"邀击作战"思想主张:诱敌舰队至西太平洋水域或日本近海,然后以战列舰为核心进行决战。山本五十六认为,这种对美作战方略是被动的,不仅难以取胜,而且还可能陷入持久战或越来越困难的境地,以致最后以失败告终。他主张,在今日航空技术迅速发展的情况下,以战列舰为主的舰队决战决定不了战争的结局。日本从国力、军力方面来说,都远不如美国,除了开战之初就积极作战,先发制人,迫使敌人始终处于守势之外,恐怕再也找不到其他战胜美国的办法了。因此,要"在敌主力舰艇,特别是航空母舰停泊于珍珠港内时,乘敌不备,用飞机进行袭击","以强大的航空力量摧毁敌巢,在物质和精神两方面给敌人以沉重的打击,使其在一个时期内无法复原"。

应当说,山本五十六的这一海战思想,包括了制海先制空的新观念,这是海战理论的重大变革,代表了当时海战发展的趋势,是一种十分先进的海军战略思想。但在日本海军传统作战思想中,海战的主力是拥有重装甲和大口径火炮的战列舰，为此，日本不惜财力，建造了当时世界上最大的、排水量达6万吨以上的超级战列舰"大和"号和"武藏"号。而在日本海军的上层人士中，一直把航空母舰视作战斗中的前锋和支援舰只。现在，山本要把航空母舰集中使用，以海军航空兵这一新兵种为海战主力。从第一次世界大战以来，各国海军均把战列舰作为海军战斗力的核心，并

◆ 源田实中校。

把战列舰作为衡量一个国家海军力量的主要标志。而现在山本提出将航空母舰作为海战主力使用，无疑是对传统海战理论的背叛。

战争理论发展的历史表明，一种否定传统的新理论的产生，必然会受到强大的传统势力的反对。果然，山本五十六的设想遭到了日本海军上层将领大多数人的反对，就连山本的下级将领，特别是偷袭珍珠港时担任中心任务的第1航空舰队司令官南云忠一海军中将也反对这个计划。

1941年初春的一个夜晚，日本联合舰队旗舰"长门"号战列舰长官室里灯火通明。

山本五十六坐在中间，两边坐着他的幕僚，对面坐着第1航空舰队的高级军官，航空参谋源田实海军少校也在场。

长官室里寂静无声，在座的人都凝望着山本五十六。严肃紧张的空气充满了每一个角落。他们正在研究一个决定日本海军乃至整个日本帝国命运的重大问题——偷袭珍珠港的可行性。

"以上就是这次作战的大体设想，为了完成南线作战，无论如何必须实施珍珠港作战。说起来，是有些冒险，一旦失败，整个作战就有垮台的危险。关于这一点，希望在座的作战部队诸位官员，毫无顾虑地提出意见。"山本五十六用他那锐利的目光环视在座的人。

大家一言不发。谁也不敢轻易发表意见。

过了一会儿，第1航空舰队司令官南云忠一海军中将开口说："源田参谋，你认为只用飞机就可以搞这个出击吗？"

"是的！我想，只要敌舰队停泊在原地，光用飞机就够了。"源田回答说。

“用多少兵力？”

“用第1航空舰队全部航空母舰的舰载机，我认为就可以成功。”

“警戒兵力呢？”

“为了防备同敌人的水面舰艇遭遇，在出击途中，需要派两艘战列舰和两艘巡洋舰，另外派几艘驱逐舰担负警戒。”

“敌人一旦发觉我方企图，出来截击怎么办？”

这是决定珍珠港之战最关键的问题。从日本本土到珍珠港，航程达3000余海里。一旦在海上同美国的主力舰队遭遇，后果将是很难预料的。

所有的人都把视线集中到源田海军少校身上。

“那就只好在海上决一雌雄了。由于我方有压倒优势的航空兵力，不必担心在海上跟敌人遭遇，相反，这是求之不得的事。我认为，问题在于敌人在岸基航空兵兵力方面占有很大优势，当我方对敌航空基地实施强攻时，则要准备付出相当大的伤亡。所以，极端重要的是，不使敌人察觉我方企图。所以，我认为必须采取奇袭战法，而且攻击时间最好在拂晓。但是，当局势紧迫，处于一触即发的时刻，美国舰队还会待在珍珠港内不动吗？”南云忠一海军中将问，“另外，太平洋各岛屿美军基地的巡逻机恐怕也警戒森严，怎么才能保证通过敌人的警戒线而不被敌人发现呢？”

南云停了一下，接着，有些激动地继续说：“而且，只要被一架敌机或者一艘潜艇发现，我方行动必然要受到阻击，作战行动就将受挫。这样，不但会影响南线作战，显然会导致以后整个战局的破产。”南云望了一下山本五十六说，“本职认为这个作战方案本身就包含着过多的冒险因素。”

山本五十六没有回答。他微闭双眼，两臂交叉，侧耳静听。

"南云长官，"第2航空母舰战队司令官山口多闻海军少将突然问道，"那么，你认为怎样办才好？"

南云斩钉截铁地说："集中兵力在南线作战。如果把航空母舰兵力分开，在夏威夷和南线同时作战，恐怕两地的兵力都会感到不足。不管怎么说，珍珠港作战只是一种冒险的阻敌作战。万一失败，整个作战就会前功尽弃，我第1航空舰队兵力将折损一半，这样搞作战指导未免太危险了。如果集中全部海军兵力在南线作战，可以不必顾虑美国太平洋舰队的牵制。根据以上理由，本职反对珍珠港作战。"

联合舰队的幕僚们听后，面面相觑。南云海军中将言之有理，特别是，军令部的方针就是主张集中兵力在南线作战。提议实施珍珠港作战的是山本五十六，但是，负责实施珍珠港作战的总指挥应是这位南云忠一海军中将，所以，幕僚们都觉得不好表示态度。

此时，山本长官仍旧闭着双眼，一言不发。

"本职完全赞成珍珠港作战。"人们的视线一下子移到了讲话人身上。

发言的是山口海军少将。他的表情显得有些激动："诚如南云长官所说的，珍珠港作战很冒险。但是，美国舰队对太平洋有极大的威胁，我们在进行南线作战之前，不可置之不理。美国海军的战斗意志很强，太平洋舰队势必纠集英荷澳三国海军，对我南线作战进行反击。即使我们在南线登陆成功，如果我方的供应线受到袭扰，乃至敌人乘虚骚扰日本本土，战局就难以收拾了。所以我认为在作战上，首先要给珍珠港一击，何况我们的主要敌人就是美国海军。至于说兵分两地不利,那最好把第1航空舰队的航空母舰兵力全部投入珍珠港作战。目前南线等于没有设防的地区,依我看,不必把海军兵力全部投入,不如把夏威夷作为主要作战方向,这才是正题。基于以上理由,本职完全赞同珍珠港作战。为了确保成功,我希望研究一套万全办法。"

山口的发言如同在平静的水面上投下一颗石子,泛起一串串涟漪。人们立刻纷纷议论起来,赞成和反对两种意见截然对立。

一直认真听取大家议论的山本五十六过了好一阵才开口说话:"诸位对珍珠港作战的见解,我都听到了。我的意见是,无论如何一定要打珍珠港。"

山本的这一决策出乎不少人的意料,全场顿时鸦雀无声。

山本停顿了一下接着说:"诸位,请你们记住,只要我还担任联合舰队司令官这个职务,这一仗非打不可。希望你们研究万全措施,确保偷袭成功。"

山本的决心之大,是许多人想象不到的。从提出偷袭计划之初,山本就清楚地知道实施这一计划的极其冒险性和困难,但他又矢志不渝地坚持要实施这个偷袭计划。他运用了各种办法去说服反对他这一主张的人,甚至以辞职相要挟。

山本在写给及川海相的那封信中,除了反复强调他的思想之外,还坚决地向海相表示,如果航空舰队缺乏足够的战斗勇气,他想挺身而出,亲自担任第1航空舰队司令官,直接指挥这场作战。

在山本五十六的一再坚持之下,海军军令部部长永野修身上将别无选择,终于在离袭击珍珠港仅有35天的11月3日正式批准了山本的计划。

尽管山本的计划直到开战前35天时才被日本最高军事当局批准，但早在4月份山本就命令部队开始进行作战准备了。

1941年5月27日，日本洋溢在旗帜的海洋之中。因为这一天是日本的海军节，又是日本取得对马海战胜利的纪念日。当日，日本海军在四国岛西南海岸的宿毛湾里，进行了鱼雷和其他轰炸技术的表演，以检验前一个时期训练的成果。

被称作"三寸不烂之舌"的海军发言人平出英夫海军上校，当天晚上在东京无线电广播电台中极度兴奋地声称："海军航空部队现在约有4000架飞机，经常进行特殊的战斗训练"，"我们可以坚信，海军目前已做好了充分的准备，随时可以在转瞬间粉碎任何敢于向日本挑战的敌人。天皇陛下的海军航空部队……现在可以制订使任何国家立即灭亡的策略。"

到5月底，第1航空舰队司令官南云中将的飞行员们已艰苦训练了很长时间。针对前一段时间的训练情况，南云下发了一份有关训练达标要求的冗长的文件。这份文件规定，把1941年7月初作为这支新组建部队达到相当于帝国海军任何其他部队基本训练标准的最后日期；到8月底，第1航空舰队应具备随时能投入战斗的"作战能力"。在那之后，战斗力还应有进一步提高。

南云特别强调诸如对敌空军基地实施突然大规模空袭、摧毁敌航空母舰、航空母舰的战术性机动以及与陆基飞机和潜艇部队的配合等项目的训练。在战术技术训练上，强调不同类型的飞机进行协同攻击、夜间鱼雷攻击、大规模编队的空战、夜间战斗机技术、大型机群的重复进攻、改进防空及防潜措施，以及规避鱼雷的方法，等等。

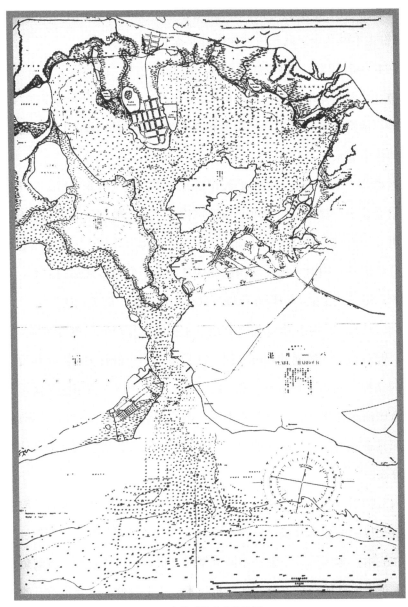

◆ 日本搞到的珍珠港海图。

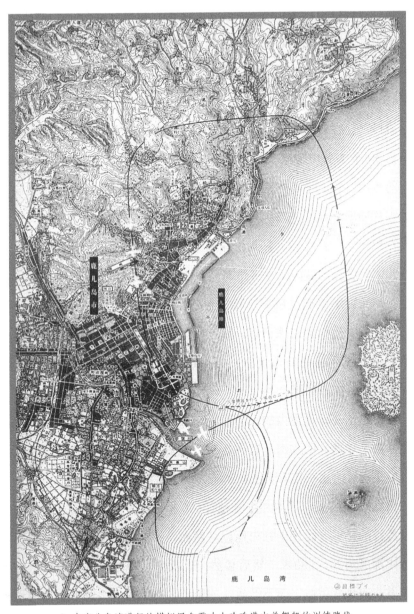

◆ 在鹿儿岛湾进行的模拟用鱼雷攻击珍珠港内美舰船的训练路线。

在一次训练中，源田参谋突然想起了他在孩童时学的剑术中的一招。按这个招术，应首先逼近敌人，把剑举过头顶，然后向下凶狠地一击，再回到原来的位置。他把自己的这个突发奇想用到了空袭战术上，作为第1航空舰队的战术模式。

6月初，源田开始组织第1航空战队进行低空投放浅水鱼雷的训练。

日本4个大岛中最南部的九州岛，被选中作为训练场所。在九州岛东南部的海岸，有一个小海湾，联合舰队的军舰就停泊在那里。由此向正西穿过一片陆地，鹿儿岛湾绵延深入内地，成了一个非常优良的港口。只需一点点想像力，就可看出它与珍珠港十分相似。把想像力再加大一点，海湾西北面的鹿儿岛城区就成了珍珠港西北边的船坞地区。

在这个能够唤起夏威夷感觉的亚热带场所，第1航空战队的鱼雷机飞行员们开始了他们的特殊训练。这一年的整个夏秋两季，每天都有飞机呼啸着低低地飞越鹿儿岛市上空，搞得这座城市似乎空中总是悬着一颗炸弹，人们终日提心吊胆。

袭击停泊在珍珠港内的大型军舰，最有效的方法是用飞机空投鱼雷。但是，由于珍珠港的水深只有十几米，鱼雷从飞机上空投后会直接扎入滩底，如果不解决这一技术难题，就难以使用鱼雷攻击。

自1933年以来，日本在刚刚超过100米的高度上和在相对高的速度下空投鱼雷的技术方面处于领先地位。然而，在这种情况下投放的鱼雷，扎入水中深度为30～100米，然后猛然向上反弹，有时会蹦出水面。这种鱼雷和游戏的海豚相似，而不像致命的鲨鱼，其威力大大降低。造成这种结果的主要原因，是由于鱼雷的水平舵失效。还有一些鱼雷由于在太深的水

◆ 抵近投弹

过去大型而笨重的陆基攻击机都是以高空
投放鱼雷的方式进行攻击。这次随着新式
陆攻机的服役，决定改变高空投弹为低空
抵近投弹。在训练中，一式陆攻机投弹高
度为50~100米。攻击时陆攻机的飞行高
度比目标舰"长门"战舰的前樯楼顶部还
要低得多。

中运行，结果从目标舰船的底下通过，不能击中目标。为了克服这些不足之处，日本人试着降低鱼雷的运行速度，但这样做会减少鱼雷的冲击力，同样会降低对舰船的毁伤效果，因而，必须把鱼雷运行深度减到尽可能小，才能使这种空投鱼雷成为海军作战中真正有效的武器。

1939年，日本人在鱼雷上装上一个大木鳍，用来起稳定作用。但当鱼雷落到水面时，强大的撞击力会使木鳍破裂。后来在横须贺海军基地进行的实验中，又加上一片木板成一定角度支撑木鳍，解决了这个难题。到1940年2月时，这种实验已把鱼雷的最初扎入水深降到了大约20米或更

多路攻击

◆ 97式3号舰攻机以"陆奥"号战舰为目标的鱼雷训练。多数机同时攻击法要求的投弹高度为50～250米，对目标的投下点距离为1000米以内。

◆ 对同一目标实施多机多方向攻击。97式3号舰攻机以"陆奥"号为目标舰实施的多机多方向鱼雷攻击训练。训练中达到了60%的命中率，最好的高达85%～90%的命中率。

◆ 对同一目标实施多机多方向攻击。97式3号舰攻机实施双机钳形攻击训练。这种攻击法使敌舰的防御能力大为减弱。

少。当飞机飞行高度低于30米、飞行时速低于280公里时，70%的鱼雷可在大约13米深处运行。但是，在实验中又暴露了其他一些问题，需要对鱼雷进行进一步的改进。

在飞行员们看来，要使投下的鱼雷下沉不超过10米，几乎是不可能的。源田在组织这项试验中，没有告诉飞行员为什么要掌握这种难度极大的战技，因此飞行员中没有一个人知道是因为珍珠港的水浅才进行这种试验。他们进行了一次大胆的尝试性飞行，两架飞机每架载一枚鱼雷，在仅十三四米的革命性高度上飞行，然后将鱼雷投下。在这次试验中，一枚鱼雷沉到希望的深度，运行得很好，另一枚则下沉深得很多。虽然取得了很大成功，但源田远远不能满意，他的目标是百分之百的成功。

源田不仅要考虑降低空投鱼雷下沉的深度，而且要考虑飞机如何才能顺利进入珍珠港。港口附近的许多高大建筑物，是飞机进入港口的空中障碍，即便是在天气很好的情况下，鱼雷机在低空也很难机动。为了适应未来的作战地理环境，源田让鱼雷手们在飞机穿过鹿儿岛湾周边突出的烟囱和建筑物扑向目标时，从危险的低空练习浅水投放技术。飞行员们对于让他们训练这种复杂的古怪动作，感到十分纳闷。

高空轰炸（即水平轰炸）是使源田头痛的另一件事情，它几乎和低空投放浅水鱼雷的战术问题一样多。

据日本海军作战部门估计，一般在水面战斗中，12～16发击中的重型炮弹就能击沉一艘军舰，若进行高空投弹轰炸，得动用6艘航空母舰的全部打击力量才能得到这样的效果。但如果使用鱼雷攻击机攻击，只需少量飞机便可以轻而易举地击沉10艘以上的巨舰。因此，第1航空战队建

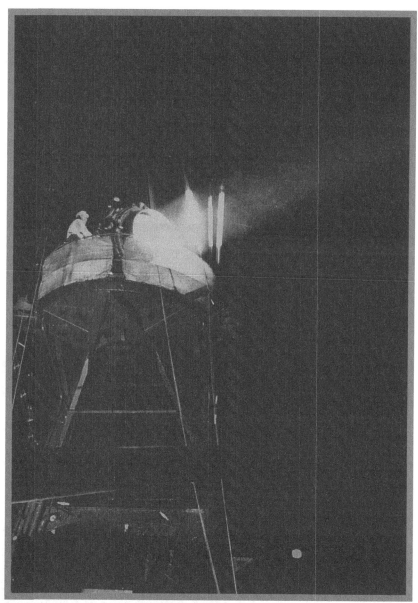

◆ 夜战训练中的"阿武隈"号轻巡洋舰。后樯中段装有110厘米探照灯,在夜战中负责照射目标,供其他舰船在黑暗中准备实施鱼雷攻击。

◆ 被探照灯照射的目标舰"长门"号战列舰。

议："航空母舰的攻击部队应放弃高空轰炸，集中于鱼雷和俯冲轰炸的训练上。"但无论是联合舰队还是东京的首脑人物，都不同意这个建议。他们下决心解决高空轰炸的技术问题，以充分发挥日本海军高空轰炸部队的作用，使突击珍珠港有更多的可选择手段。

经过一番试验，源田发现，如果在3000米到4000米的高度进行投弹的话，要摧毁一艘战列舰就必须使用800公斤以上的重型炸弹，而摧毁一艘航空母舰则要使用500公斤重的炸弹。为了准确地掌握炸弹的破坏能力，源田决定使用与美国海军舰艇相似质量的装甲钢板来实验。于是，在霞浦东南的鹿儿岛炸弹试验场，设置了一块20平方米的德国钢板，这块钢板与美国舰艇钢板的质量基本相同。由横须贺的航空队调来技术精湛的飞行员担任试验任务，使用的是用炮弹改装成的航空炸弹。试验结果表明，由于炸弹外形存在的问题，炸弹只能对钢板造成锅盖大小的损伤，若能改造炸弹的弹头部，使之具有足够好的流线型，就可取得有效的结果。试验还证实，要取得最好的轰炸效果，投弹高度至少要达到4000米，以增大炸弹的贯穿力。

在鹿儿岛炸弹试验场进行试验的同时，还在吴港海军基地的龟加首火力试验场进行了其他试验，这些试验决定了诸如新型炸弹的装药量、穿透力和引信时间等因素。试验中使用了一种型号为99－NO.80－3的巨型炸弹，装药22.8公斤，总重769.9公斤。在多次试验中，这种炸弹都取得了很好的效果。但是，炸弹的生产却遇到了麻烦，直到1941年9月中旬，仅有150枚炸弹从装配线上出来。

日本联合舰队

联合舰队因在日本发动的太平洋战争中充当急先锋而为世人所熟知。它是20世纪前半叶日本海军在中、远海遂行机动作战任务的战略战役级军事编组形式，是日本海上作战部队的主力部队。通常由两个以上的舰队组成，统辖并指挥除近海防御兵力以外的大部乃至全部机动作战兵力。联合舰队司令官由海军上将或中将担任，直属天皇，统率舰队，在军政方面接受海军大臣领导，在作战计划方面接受军令部总长指示。

日本海军的舰队建设史，最早可追溯至明治三年（1870年），当时只有3艘军舰和4艘运输船。至1889年开始设常备舰队。联合舰队只是战时临时的编组形式，打完仗即让舰艇归建，恢复常备舰队。日本先后有3次改常备舰队为联合舰队。第一次在1894年，把常备舰队和西海舰队编成联合舰队，其目的是为了对大清作战。当日本打败了中国的北洋海军之后，于1895年就解散了联合舰队。第二次在1903年，目的是为了对俄国作战。结果是由东乡平八郎任总司令的联合舰队打败了俄国太平洋分舰队。战争结束后，又一次解散了联合舰队。第一次世界大战后至1927年，日本做梦都想搞一个"八八舰队"（即八艘战列舰和八艘巡洋战舰），只是因为有《华盛顿条约》的限制，日本的努力流产了。但是日本并不死心，日本钻了《华盛顿条约》对航空母舰制造吨位的空子，不让多搞战列舰，就搞航空母舰。第三次在1921年。此后，联合舰队实际上成了常时编成，至1933年联合舰队才作为常设部队正式确定下来。此时联合舰队已拥有"凤翔"号航空母舰和两个航空战队。

在太平洋战争爆发的前夕即1941年11月，联合舰队已膨胀为具有大规模综合作战能力的世界级大舰队，拥有占日本大中型作战舰只总数90%以上的作战舰只。

联合舰队下辖第1、第2、第3、第4、第5、第6舰队和第1、第11航空舰队及南遣舰队。其中，第1舰队为战列舰部队，第2舰队为重巡洋舰部队，第3舰队为封锁与运输部队，第4舰队为占领区部队，第5舰队为北方部队，第6舰队为潜艇部队，第1航空舰队为航空母舰部队，第11航空舰队为岸基航空部队。联合舰队拥有潜艇以上主要作战舰艇230余艘，飞机1000

◆ 1922年11月，日本横须贺海军工厂建造成世界范围内第一艘航空母舰"凤翔"号。排水量为9394吨，搭载飞机31架。1928年4月与"赤城"号航空母舰一起，编成联合舰队的第1航空战队。

余架。其中：航空母舰10艘，战列舰10艘，巡洋舰38艘，驱逐舰112艘，潜艇65艘。

4月10日，第1航空舰队成立后，"赤城"号来了一名新老师——横须贺航空队轰炸课程的高才生古川和泉中尉。这位仪表堂堂的年轻人，是轰炸专家中的一名中心人物。源田十分喜欢这个年轻人，因为他表现出了巨大的能量、推动力和想象力。

古川是一名严厉而合格的老师，他毫不吝啬地把自己最好的技能传授给了学员们。古川胸怀壮志地加入了"赤城"号上戴皮毛飞行帽的飞行员队伍。在他担任高空轰炸机飞行员教练之后的短短20天内，就创造了训练的奇迹。接近4月底，当"赤城"号乘风破浪向九州前进时，经古川训练过的部队已经开始把靶舰"摄津"号作为目标舰进行实际演练。那时以及后来的一段时间，古川的高空轰炸机群采用"前三角"九机编队，3架在前，另6架按3架一组，紧随其后，左右对称，所有的飞机都是等距离飞行。这种飞行队形是一种新的创造。

在"赤城"号的飞行队第一次从约3500米高空攻击"摄津"号的试验中，9枚炸弹中有4枚直接命中，源田听到这个消息后十分兴奋。当天进行的第二、第三次九机编队试验，每次都创造了三到五枚的命中率。更令源田高兴的是，从横须贺传来的消息说，同日在那里进行的试验，也取得了不次于古川部队的效果。

当古川结束试验返回后，源田满面笑容地迎上前去，问他："是什么原因取得这样好的结果？"

◆ 到1923年，日本的联合舰队事实上已经成为常设舰队。照片中是1924年夏，集结在泊地的联合舰队各舰。近处是两艘轻巡洋舰，画面中心的是战列舰"陆奥"号。

◆ 联合舰队的主力舰之———"桥立"号海防舰（第一次临时编成）。

◆ 在黄海海战中与俄舰队交火的联合舰队第1舰队（第二次临时编成）。

◆ 舾装中的战列舰"大和"号。

"大和"号战列舰（竣工时）　　排水量：69100吨；　　　　　　主炮：460毫米三联装炮塔3座；

竣工时间：1941年12月16日；　续航距离：7200海里（16节）；　副炮：155毫米三联装炮塔4座；

全长：256米；　　　　　　　　速度：27节；　　　　　　　　　高射炮：127毫米双联装6座；

最宽：36.9米；　　　　　　　　乘员：2500人；　　　　　　　　飞机：水上侦察及观测机7架。

◆ 1940年11月为准备对美作战，由3个潜水战队编成联合舰队的第6舰队。图为海上训练的伊68潜水艇（前面）和伊70潜水艇。

◆ 1941年1月编成第11航空舰队。这是一支没有舰艇的"舰队"，因为该舰队是由陆基攻击机构成的，该舰队由3个航空战队组成。图为当时的主力机96式陆基攻击机。

"最重要的因素是飞行员，"古川解释道，"在过去，投弹只是投弹手的事，飞行员仅仅管驾驶就行了。按这种方式，怎么能指望有好的轰炸结果？我们发现，飞行员在轰炸中是一个非常重要的因素。"

古川的分析很有道理。只有飞行员通过认真摸索飞机因燃料消耗所产生的平衡和稳定性的变化，有针对性地操纵飞机，在投弹手投弹的瞬间，对飞机的飞行状态进行相应的调整，才可以大大提高炸弹的命中率。

古川创造的记录，恢复了海军对高空轰炸的信心，给未来作战带来更多的选择。在这之前，所有的人都认为，如果鱼雷的技术问题不能解决，那只有依靠俯冲轰炸机来执行计划中的攻击任务了。

高空轰炸要想摧毁大型军舰还是十分困难的。如果高空轰炸的命中率不能超过10%，就不能指望达到使美国太平洋舰队瘫痪6个月这个战役目标。然而，如果高空轰炸能产生像"赤城"号飞行队训练中所达到的效果，那情况就完全不同了。

日军空投炸弹使用的是一种改进了的德国博伊柯式轰炸瞄准具，其精度在很大程度上取决于飞行员和投弹手的技术。因此，横须贺航空队希望从海军各单位挑选人员，把他们训练成熟练的投弹手，再为每人配备一名飞行员，组成永久性的搭档，以期获得更好的结果。这种双人搭档需要一起训练，直到能像一个人一样协调。经过反复训练，最高的命中率达到了33%，远远超过了初期的10%。

第1航空舰队的其他飞行队也很快采用了这个方法，把一支经过这种专门训练的飞行队分配到领头的高空轰炸机群中。这样，每个飞行队，都能够同时丢下使靶船沉没的弹雨。

1941年9月11日上午，一辆辆大型高级轿车和其他车辆鱼贯驶入日本帝国海军大学的大铁门。按惯例，每年的11月至12月，饱经风霜的日本海军将军和有抱负的海军参谋军官都要在东京聚会。今年，由于形势紧张，聚会提前2个月进行，他们要在这里参加一次重要的图上演习。这是一次模拟日本"南进"作战的战争预演。演习在位于四楼的中央大厅进行。少数陆军军官作为联络人员也来出席聚会。

在中央大厅的东侧，有一个被隔离的特别房间，那里是山本和联合舰队司令部的专用房。除了特别被邀请者外，严格限制一切人员进入那间房内。在那个"秘密房间"里，将通过预演检查第1航空舰队攻击珍珠港的实施计划。

整个图上演习分两步进行，首先模拟南进作战，尔后再研究奇袭珍珠港作战。

在山本的主持下，演习按照联合舰队的作战计划进行全程模拟。为了模仿战时条件，山本把他的舰队分成几支按不同作战需要设置的特别分舰队，分别代表日本和代表美、英的蓝红两军。通常由各舰队的参谋长担任蓝军指挥，宇垣总领蓝军各部队，而第1舰队司令高须四郎海军中将指挥红军各部队。所挑选的代表红军的军官，都是对美军情况特别了解的军官。

蓝军将进行尽可能忠实于联合舰队作战计划的作战，红军则按其指挥官提前呈交的计划作战。在演习过程中，演习裁判为了使演习尽可能真实，向蓝军指挥官们隐瞒了红军的作战计划，并与红军共同研究变换战斗条件。

图上演习提出了一个重要问题：在夺取菲律宾、马来亚和荷属东印度群岛时，如何才能既有效对付部署在这些区域里的敌舰队，同时又保持对西太平洋的控制权。这次演习的独特之处在于，它把日本的内部防线从马里亚纳群岛向东远远推到了马绍尔群岛。日军在这种情况下，不得不防备从夏威夷出来的美国海军对他们暴露出来的侧翼进行突击。这次演习显示的是日本的全部战争计划，只有了解这个计划，才能理解山本在珍珠港的冒险。

图上演习按照未来将要进行的"南进"作战的过程进行。舰队司令官、各舰队的组成和规模、出发地点、集合区域、战略目标和登陆滩头，都和实际完全一样。"南进"作战指挥的将军们和海军大学的成员们，围着大桌子弯着腰，专心致志地看着高桥伊望海军中将的第3舰队模拟分配的进攻菲律宾、婆罗洲和塞里伯斯岛的任务。

在日本海军计划的这一盘雄心勃勃的棋局中，其他日本部队将驶往吉尔伯特群岛、关岛和威克岛。井上成美海军中将的第4舰队占领后两个岛，将把美国军队阻挡在日本水域之外，并在日本固有的基地之外又增加了几艘不沉的航空母舰。最重要的是，这样做可以使日本联合舰队在进行舰队决战中处于极有利的地位。

山本看完了"南进"作战在预演中顺利进行并得到合乎逻辑的结果之后，便很快将精力集中到他的珍珠港计划上来。

在模拟珍珠港作战时，蓝军司令由南云中一担任，红军司令由军令部情报部的"美国通"小川贯玺上校担任。

30多名精选出来的军官，专心注视着摆在房间中央长条桌子上的太平洋及夏威夷地图。这些允许进入秘密房间的军官都是山本亲自挑选的，他只挑那些最终将会进入珍珠港作战的人。这些人或是帮助策划这次神秘的作战，或是直接去执行作战任务。

　　南云带来了他的第1航空舰队的大部分参谋人员。从第2航空战队来了性格粗暴的司令官山口和包括铃木在内的几位参谋。三川中一海军中将也来到了"秘密房间"，在珍珠港作战中，他将率领由第3战列舰战队和第8巡洋舰战队组成的珍珠港支援部队；第1水雷战队司令海军少将大森仙太郎也在场。三川和大森两人都是在这次图上演习中才第一次听说山本的这个计划的。出席的还有第6舰队的主官清水光美中将、他的参谋长三户。

　　海军军令部派来的代表有作战部长福留少将、作战课长富冈及其助手三代，后者是珍珠港作战演习的主裁判。专门负责有关与美作战的内田、情报部部长前田及其负责美国事务的助手小川也来了。永野和伊藤虽然被邀请了，但他们一直没在"秘密房间"中露面。

　　并不是所有参加演习的军官都赞成这个珍珠港冒险计划的。海军军令部的代表们仍然高度怀疑山本的计划，他们出席珍珠港演习的身份不是参加者，而是观察者。山本像是做生意的，他像推销员一样努力向他的上级机关推销自己的产品。

　　同时，山本有许多强有力的支持者。山本所有的参谋们都非常忠于他，崇拜他，并渴望执行他的计划。

　　时至图上演习之前，珍珠港计划仍有一系列问题迫切需要研究解决。这次图上演习，在诸多问题中，只重点研究两个。一、此次作战在技术上是可行的吗？二、在特遣舰队进行作战准备期间、特遣舰队开进乃至实施突然攻击之前能做到严格保密吗？当然，在地图室里的演习不可能把这些问题解决到无可挑剔的地步，图上演习的参加者们只能希望估计一下可能性。

　　在模拟攻击开始之前，必须首先解决一个问题：特遣舰队应选择哪条路线机动？这个问题引发了"秘密房间"里的第一次热烈辩论。南云坚持走南线，山口、佐佐木和源田坚持认为：走北线将是去目的地的较短且较安全的路线。最后，南云不情愿地放弃了自己的意见。南云对走北线唠唠叨叨的抱怨，是整个图上演习大合奏中的不和谐的音符。

围绕空中侦察问题，出现了另一个意见上的分歧。山口认为，为了应付每一个可以想像得到的意外情况，应在去夏威夷的途中有一个全方位的大范围的空中巡逻系统，用来搜索敌舰、敌机以及外国商船，以便在被发现前就能得到事前警告，使舰队有必要的准备，及时改变航向。

但是，山口的这个建议立即遭到源田的激烈反对。"那样太危险，"源田说，"坏天气可以使巡逻机失去和母舰的联系。当它们耗尽油料时，可能会导致海上失事，敌人可能会看到残骸。或者某个惊惶失措的飞行员会打破无线电静默，从而暴露特遣舰队的存在。敌人可能会在距航空母舰上百海里处发现巡逻的飞机。空中侦察，将在一开始就给这次使命带来最严重的损害。"

山口和源田各执己见，互不相让，就这个问题展开了激烈的争论。南云认真听着他们的争论，没有发表任何意见。他认为，每一方的论点都有可取之处，但又同样有危险。最后，源田说服了山口，同意不进行途中的空中巡逻。

解决了这两个问题之后，演习按提议的把11月16日作为X日（袭击珍珠港打响的日子）开始了。

首先出动的是清水的潜艇舰队。这支部队于10月14日离开日本，20日到达沃杰环礁，于10月28~30日离开沃杰，并于11月15日在距离瓦胡岛300

海里的距离将该岛包围。

与此同时，南云的特遣舰队向北开到北海道东海岸的厚岸湾集合地点。这个遥远的小海湾，位置足够靠北，因而可以减轻燃料供应问题，并能为防止美国潜艇侦察提供一些保护。

这次试验性的特遣舰队，由第1和第2航空战队、2艘战列舰、3艘巡洋舰加上驱逐舰和油轮组成。在这次图上演习中，没有潜艇陪伴这支庞大的舰队。南云让舰队以大约12节的速度向东，当接近目标区时逐渐转向东南方。途中分别于11月8日和11月13日进行两次海上加油。11月12日，担任提防遭遇渔船的各舰，进入了特遣舰队前、后、左、右各自的位置。

14日，南云得到消息说，红军舰队11日时还在珍珠港内。从这时起，开始看到愈来愈多的"美国人"活动的迹象。11月14日，夏威夷的"美国防御部队"进行了400海里半径的日出前、白天和日落后的空中侦察。同一天，"美国人"在夏威夷南面发现了像是一艘潜艇的东西。

在16日（X日）前一天，红军看到了可能是从水下潜艇漏出来的油迹，因而把他们的搜索圈扩大到600海里。那天傍晚，一架巡逻飞机发现了特遣舰队，但在它发完报告之前，日本人击落了它。

设想的这个事件，发生在南云的舰队刚刚开始以24节的高速向瓦胡岛前进时。大约在这时，清水的潜艇报告说有10艘敌驱逐舰朝着南云所在方向前进。南云临危不惧地继续前进，直抵瓦胡岛北面大约200海里处。在那里，他调转航空母舰朝着迎风的方向，派出他的第一攻击波。

在自己单独房间里行动的红军，是在小川指挥下与蓝军对抗的。小川在30年代看过至少一次美国人进行的这类攻击珍珠港的演习。指挥瓦胡岛上红军的小川，建起了一个优良的侦察网幕。被蓝军击落的那架侦察机，已设法发回了一个警报，尽管这个警报没能全部发完。

虽然第一攻击波不受干扰地被派出了，但在瓦胡岛上空它遇到了小川的一大批截击飞机，使得第一攻击波的飞机在去目标的途中忙于战斗，而不能有效地对目标进行轰炸。与此同时，舰炮和海岸炮向进攻的飞机吐出了火舌，像猎人在埋伏地打野鸭子一样把它们击落了。

正当这时，南云的第二攻击波比第一攻击波约迟一个小时到达珍珠港。南云的攻击机不仅受到小川的拦截飞机的频频攻击，而且受到瓦胡岛地面高炮部队射出的弹雨威胁。南云派出的飞机只有一半勉强回到了自己的母舰。此次攻击只给珍珠港的军舰和瓦胡岛的军事设施造成了轻微的损失。

演习进行到这里，参演人员都形象地看到了如果美国人得到及时的攻击警报，日本人的努力就会付之东流。

第一轮演习的教训——红军空中巡逻的效率和特遣舰队到达现地的时机不好，又开始了新一轮演习。

在第二轮演习中，日本人安排特遣舰队在攻击前一天大约日落时抵达瓦胡岛以北约450海里处。根据他们的计算，日落时美国的侦察机正在由最外点返航的途中。这样，特遣舰队将会和来自瓦胡岛的美国侦察员的搜索范围之间有数百海里的距离。

根据瓦胡岛上日本间谍提供的情报，美军只在180度的半径上进行有效的巡逻，而且巡逻主要是基地南部和西南部区域。考虑到这一情况，南云在第二轮演习中走更北边的航线。他向东驶抵瓦胡岛正北约450海里处，并且是在日落时到达。

安全到达预定的地点后，南云开始高速朝南航行。从这时开始，他一直走好运。这份计划没有考虑出现机械故障，没有进行大的航向调整，甚至也没有考虑到海上风暴。如果特遣舰队能够在拂晓时到达目标地而不被发现，天平将摆向有利于日军的一边，因为这时美国空中巡逻机还没有起飞。如果南云的第一攻击波能在敌人侦察机起飞之前接近瓦胡岛的话，攻击就会出敌不备。在这种情况下，攻击成功的机会是非常高的。

在这第二次模拟进攻中，一切顺利。入侵者没有遇见空中或水面的侦察，蓝军迅速地取得了完全的制空权。当南云的轰炸机扑向港内的红军舰队时，他做到了他所希望的最大的出敌不备。估计敌人遭到的损失计有：3艘战列舰被击沉，1艘战列舰被重创，航空母舰"列克星敦"号和"约克城"号被击沉，航空母舰"萨拉托加"号被重创，3艘巡洋舰被击沉，另3艘损失掉一半的战斗力。瓦胡岛的红军空中力量实际上陷于瘫痪，50架战斗机被击落，80架被摧毁在地面上。

蓝军受到轻微损失并逃脱了。红军的飞机最后发现了南云的舰队，炸沉了一艘航空母舰，使另一艘失掉一半的战斗力。作为回报，蓝军又击落了50架红军的飞机。然后，蓝军舰队逃回了日本本土。蓝军舰队还得到了老天的帮助，在舰队即将离开夏威夷水域时刮起了海上风暴，没有给舰队造成严重的伤害。

在这次演习中，攻击后迅速撤离构成了南云战略的基本点。在"秘密房间"中，没有讨论重复攻击珍珠港的题目。虽然源田和佐佐木在这次演习前曾多次谈论这种可能性，但许多人都主张应迅速安全地撤回日本宝贵的航空母舰。

　　这次夏威夷作战的预演，只进行了一天，第二天上午，参加者们又回到"秘密房间"，对蓝军战术进行分析，听取各种报告，会议一直进行到下午。在17日的讨论会之后，参加者们共进晚餐，结束了夏威夷作战的模拟演习。

　　演习结束后，南云的心情毫不轻松。实际上，在"秘密房间"里进行的第二次模拟攻击的成功，加重而不是减轻了他的担心。这次图上演习使迄今为止一直作为抽象概念存在的珍珠港作战直观地表现了出来，从而使南云更加清楚地认识到了这次作战的全部影响和极大冒险性。南云感到作战计划成功的可能性不大，在需要通过的无数关口中，哪怕是有一个关口出现问题，就可能断送整个计划。南云可以用很多普通浅显的道理，来支持他对珍珠港计划的悲观看法。

　　南云特别反对走北线。"在图上演习中没有海上风暴，所以我们能走北线。但当我们真的去夏威夷时，情况就不同了。"他言辞激烈地争论道。在演习中，他不止一次地向山本表示：哪怕有一件事出了差错，就会在作战中出现可怕的损失和极其严重的后果。当他有一次这样说时，山本用手友好地搂着他的肩膀说："别担心，我会负全责的。"

　　南云并不是胆小怕死。如果命令他去冒险的话，他将不遗余力地去干，但他坦白地对别人说，他被演习所展现的前景吓住了。对山本来说，在地图上指挥作战并声称由自己担负所有责任当然没问题，因为他并不亲自带领舰队出战，而是在本土水域的"长门"号军舰上。但南云却不同了，他要率领帝国舰队扎进老鹰的巢里去，如果作战失利，山本不可能把沉舰浮起来，也不可能恢复被毁的飞机和使死人复活，所有的困难都要由在现场指挥的南云去克服。南云的悲观情绪溢于言表，以至有人和他逗笑说："如果您死在这次战斗中，将为纪念您建一个专门的神社。"

军令部的小川尽管一直对攻击珍珠港很感兴趣，但他对这一作战行动的可行性同样有很大的怀疑。小川从情报的角度提出了许多令人不安的问题，所有关于美国港口布置、防御设施和舰队调动的必要的情报，都能有效地收集、估计和分发吗？诚然，海军情报部门在夏威夷有一个庞大的间谍情报网，但谁又能保证美国人不会追踪这个情报网，堵住情报源头？即便日本的间谍能够不受阻碍地工作，海军军令部能够在攻击当天得到关于珍珠港的完整的情报吗？它能及时地把这情报转发给在北太平洋某处的南云，使这个情报起作用吗？

对于这些问题，没有一个人能够回答，也没有一个人敢保证说：这份偷袭珍珠港的计划在最后一分钟之前不会落入美国间谍之手。几乎所有人都知道，若此次作战不能保守秘密，则必败无疑。

在演习结束的当天，军令部作战部长福留立即晋见军令部总长永野，向他报告了自己对这项计划的基本看法。

"这是一次惊人的冒险！"福留首先道出了自己最大的担心，他接着说，"在这种大胆的作战中，不仅有一切固有的一般困难，而且还有许多未知因素。若特遣舰队受到严重损失，例如沉了几艘航空母舰，舰队的打击力量将被极大削弱，而且'南进作战'也将处于严重受损之中。我们必须问我们自己，这么大的一个计划保得住密吗？若是不能，它就没有成功的机会，其结果很可能是灾难性的。"

福留停顿了一下，接着说："我们军舰有限的活动半径和必须进行的海上加油，也提出了更多的其他困难。我们也不敢保证满足对情报工作的要求。这里的问题……"他解释道，"在于维持一个连续不断的精确的关于美国舰队所有时间在哪里的情报流，并且在攻击的那一天，它们舰队的主体应在珍珠港里或是在附近，而这是不可预知的。"

他的上司注意听着这种坦率的悲观估计。福留说完后，永野说："在开战的情况下，我不倾向于发动像山本提议的那样冒险的作战。我认为海军最后应限制自己的计划，而集中在'南进作战'上。"

作战课完全同意上述否定意见。"当图上演习结束时，我的手下强烈反对攻击夏威夷。"富冈说，"第一，这个设想完全不符合我们以前的想法和计划。第二，正如大家都同意的，它是一个极端错综复杂的计划。第三，日本的命运是如此完全地取决于它的舰队，以至于我们经受不起在这种不可取的冒险中所固有的震惊和损失。第四，我们认为'南进作战'如此重要，所以不能让任何其他事来妨碍它的成功。"三代大体上同意富冈的意见，又加上一些他自己的反对理由："我们确信，如果很大一部分飞机分配给珍珠港作战的话，就没有足够数量的飞机留下来在南方成功地作战。航空母舰也必须用在南方，因为在马来亚和菲律宾同时进行登陆作战要求提供保护。"

然而，这次演习却达到了一个最关键的目的。"这次图上演习像一把利刀，把1941年切成了两半，"源田说，"它结束之后，日本海军的所有部门都用从来没有过的干劲加快珍珠港作战的准备，因为时间已经不多了。"

日本只剩下了仅够18个月作战用的燃油，并且储油量每天都在减少。如果再等6个月，他们也许就会不再想打，而只能承认自己失败。时间和气候并肩前进，第1航空舰队不可能在10月份时做好打仗的准备，到11月份也难以达到最好的战斗状态，12月已是隆冬季节，北太平洋的条件将不允许越洋作战。

还有，与苏联打仗的可能性，也是日本军事计划者们需要考虑的因素之一。因为在西伯利亚作战，只有等春天雪融之后才有可能。因此，日本的战略家们坚持"南进作战"必须在1942年3月底结束。如果要求开战后120天之内征服南方区域，战争就必须在不迟于1941年12月初开始。

也许是为了使所有有关人员都尽量发完脾气，然后取得一致或者是更多分歧，福留和宇垣于9月24日在海军军令部作战课召开了一次高度保密的会议，对珍珠港计划进行开诚布公的讨论。

永野、山本、南云都没有出席这次会议。除宇垣之外，黑岛和佐佐木代表联合舰队。南云派去了草鹿、大石和源田。

这次会议开了大半天。

主持人福留首先发言。他采取稍微中立的立场，像个合适的调停人，既不说支持也不说反对山本计划的话。

草鹿紧接着福留的发言说："从战术上看，这次攻击也许会成功。但在战略上，成功的机会有限。换句话说，虽然这次攻击可能会使日本得到暂时的优势，但我怀疑它不能带来任何长期的优势。"草鹿认为，即使是战术上的胜利，也取决于能否有效地保守秘密。敌人很可能在特遣舰队从日本到夏威夷的漫长航行中，在任何一点发现并攻击它。草鹿还对东京能否采取使华盛顿从政治上放松警惕的外交步骤表示怀疑。他再次强调了日本必须以"南方作战"为主和为支持这一作战对空军的紧急需要。"我不能同意这个冒险的珍珠港计划。"他宣称。然后他豁达地说："当然，如果接到命令，第1航空舰队将毫无怨言地去执行。"

富冈完全同意草鹿的意见，并详细谈了这个计划所固有的危险，他坚决反对从生命攸关的向南推进中分兵出来。

作战课的神重德紧跟着自己的这位领导，他用他那睿智的分析头脑，列举了攻击夏威夷的正面和反面因素。正面因素有，一次突然袭击也许会成功，因为美国人很难保持对所有方向的24小时空中巡逻。假设攻击做到了出敌不备，敌人将不再处于发动反击的地位，因而特遣舰队也许得以在相对小的损失情况下逃脱。但是，神重德在阐述反面因素时，用大量的数据证明了以下观点：海上加油将面临重重困难；单单轰炸不可能对敌舰造成最大限度的损伤；美国人能够在珍珠港的浅水中把被击沉的军舰救起来，并在较短的时期内修复它们；日本舰队被发现的可能性极大。

源田则以一个空军专家的身份，向在场的非空军人员解释了轰炸效果问题。他说：高空鱼雷轰炸机是双重用途的飞机，能根据任务变换。如果把它们全部作为鱼雷机使用，有希望击沉8艘美国战列舰。此外，54架俯冲轰炸机可以集中攻击航空母舰，并击沉其中3艘，余下的俯冲轰炸机则攻击瓦胡岛的美军空军基地，消灭美国空军力量。如果美国太平洋舰队在拉海纳的话，完全用鱼雷机对战列舰的攻击将会最有效，不仅拉海纳为袭击者提供了很大的机动空间，而且沉在拉海纳深水里的美国军舰将一去不复还。源田认为全用鱼雷机的战术是最有效的，但他知道到目前为止鱼雷机轰炸试验的结果还不能令人满意，南云的飞行员和投弹手们正在尽一切努力来改进这项技术。如果技术问题解决不了怎么办呢？源田不得不面对这一问题。因此，他又向同事们提出了一条替代的计划：把鱼雷机换成高空轰炸机，执行全高空轰炸攻击加上俯冲轰炸。他估计这种方法的最大战果，是击毁大约5艘大型舰，即2或3艘战列舰和3艘航空母舰。

接着是大石发言。他和南云、草鹿的观点完全一致，他只限制在谈水面问题上。"如果敌人的侦察不超过300海里，选一条航线不难。"他说："但如果他们推到400海里或更多，那就困难了。"他对于驱逐舰的海上加油特别忧虑，这种军舰要到达夏威夷需要多次海上加油，而大型军舰只需一次就够了。"在北方的恶劣海上条件下，航行和海上加油将如此地复杂和困难，以至于作战可能不会成功。"他悲观地说。

佐佐木曾对特遣舰队在途中被敌人发现的可能性进行过长期和全面的研究。"如果我们走南线，我想就该放弃这次作战。"他性急地下了自己的结论："我们不能只停留在谈论出敌不备的攻击，我们应该下决心去这样做。"

会议转而讨论X日（袭击珍珠港打响的日子）的日期。在X日，南云的舰队应到达瓦胡岛以北约200海里的海域，准备好派出飞机了。

"把X日定在11月20日左右是合适的。"福留告诉大家："我们早已失去了在战略上出敌不备的机会。"他说："像德国陆军进行的那种进攻，已不再可能。我们只能尽力做到战术上的出敌不备。"所以，他认为尽快地确保南方区域和"准备与苏联的最终冲突"，是绝对必要的。

X日的决定取决于第1航空舰队的作战准备状态，第1航空舰队参谋长草鹿清楚自己舰队中所有未解决好的问题。"单从训练工作本身来看，11月20日太早了。"他坦率地说。

◆ "赤城"号航母

1927年由巡洋舰改装而成。基准排水量3.65万吨，长250.36米，最宽31.32米，航速31.2节。是第1航空舰队旗舰，搭载飞机66架。

◆ "苍龙"号航母

1937年12月建成。基准排水量1.59万吨，长222米，最宽21.3米，航速34.5节，搭载飞机57架。

◆ "加贺"号航母
1935年由战列舰改装而成。基准排水量3.82万吨，长240.3米，最宽32.5米，航速28.3节，搭载飞机75架。

◆ "瑞鹤"号航母
1941年9月建成。基准排水量2.57万吨，长250米，最宽26米，航速34.2节，搭载飞机72架。

◆ "飞龙"号航母
1939年7月建成。基准排水量1.73万吨，长222米，最宽22.32米，航速34.6节，搭载飞机57架。

◆ "翔鹤"号航母
1941年8月建成。基准排水量2.57万吨，长250米，最宽26米，航速34.2节，搭载飞机72架。

这个发言使联合舰队参谋长宇垣吃惊。在图上演习结束后不久，联合舰队的参谋部一致同意暂定11月21日——星期五为攻击日，后来山本经过再三思考之后，和他的参谋们又倾向于在星期日早晨发动攻击，因为星期日会有最大数量的美国军舰停在港中。

按照草鹿的意见，X日既不是在图上演习中使用的11月16日，也不是星期天——11月23日，而是要把X日推迟到12月中旬。

宇垣说："从总体战略的观点来看，在战争爆发的瞬间进行对珍珠港出敌不备的攻击，对日本来说是最重要的。"

黑岛直到会议快结束时才发言。他对反对珍珠港作战的意见极为厌恶，他在发言中强烈敦促为了保证"南进作战"的成功而采纳山本的计划。

最后，福留做出了正式结论："从政治观点看，美国将很可能把其太平洋舰队留在珍珠港。但总是有这种可能性：舰队将返回其本土做战斗准备。"他简短总结了攻击夏威夷所牵涉的主要问题，并许诺："这些问题将得到军令部的认真研究，以便于尽快做出最后的决定。"

当会议结束后，在一片拖拉椅子声和谈话的嗡嗡声中，黑岛讥讽地对源田说："光说不练。"

黑岛回到"长门"号上向山本详细报告了会议情况。他说完后，山本大发雷霆地喊起来："是谁召开了这次愚蠢的会议？在这些胡说八道后面是什么意思？是否有人认为没有预先使美国舰队瘫痪我们就能进行'南进作战'？作为联合舰队的司令长官，我将对自己的计划负全责！"

虽然日本高层对于山本五十六袭击珍珠港的作战计划存在重大分歧，但在山本安排下，针对珍珠港的作战准备一刻也没有放松。山本坚定地认为，他的计划一定会付诸实施。

10月2日，第1航空舰队的其他航空母舰的一群军官应南云之召，登上锚泊在有明湾的航空母舰"加贺"号，舰上顿时活跃起来。参加这次集会的包括南云及其大部分参谋、第2和第5航空战队的司令官及其参谋人员、6艘航空母舰的舰长及其航空参谋，还有一些关键的飞行队长，包括渊田和村田。

参加集会的6位航空母舰舰长，都是海军上校，其中3位在霞浦学习过航空，他们是："赤城"号的长谷川喜一，"加贺"号的冈田次作和"飞龙"号的加来止南，"苍龙"号的柳本柳作，在日本海军中有点传奇性，他不抽烟不喝酒，是日本海军中的怪人。出席集会的另外两位航空母舰舰长，是"翔鹤"号的城岛高次和"瑞鹤"号的横川市平。

航空母舰的航空参谋们，负责诸如派出飞机、收回飞机、装弹、加油和一般与飞行有关的事情。在战时，他们控制飞行甲板。这些参谋都是有经验的飞行员，1941年10月15日之后，他们都挂上了中校军衔。这次在"加贺"号上集中时，每位参谋都正忙于飞行员的训练工作。他们之中的4位，指挥着九州的飞行基地，即"赤城"号的增田省吾在鹿儿岛，"加贺"号的佐田尚宏在富高，"飞龙"号的天贝隆久在出水，"苍龙"号的楠本几人在笠野原。另外两名航空参谋和田铁治郎和下田久雄，分别在"翔鹤"号和"瑞鹤"号上服役。

军官们站好后，南云开始讲话。

"我把你们召来，是因为在日美开战时，我们要攻击珍珠港。"南云认真地一字一句地说，"我们必须尽一切努力成功，关键在于保密，因为若走漏一点风声就注定失败。但是，如果我们对一切都保密的话，我们就不能全力投入训练，我们也不能有效地从事计划训练工作……"

虽然针对珍珠港的训练已经进行了好几个月，但许多军官一直被蒙在鼓里，他们对那些稀奇古怪的训练科目百思不解。直到今天，他们才第一次听到了他们未来真正的使命，许多人脸上露出了惊讶的神色。

当南云大致说出作战计划后，许多航空参谋衷心地赞成山本的策划。下田认为：这个计划虽然包含了很多冒险的成分，但它是"了不起的"。"仅是这一点……就使这次作战更加有潜力"，他解释说，"因为危险越大，美国海军就越料不到这种进攻。"下田和将率第二攻击波的岛崎交换了看法，"岛崎也认为将会成功，因为美国绝料不到如此大胆的一击。"下田说。

佐田相信，如果日本进入战争，珍珠港计划是健全的，也是必要的。他说："年轻军官们士气很高，他们一定会对这个计划充满激情。"

天贝曾想到过在战争一开始日本海军将会进攻美国舰队，虽然他没有精确地想到珍珠港，但当听到这个计划时，他的高兴多于吃惊。"现在已拨开了云层，人人都知道了这个核心机密，"他说，"在即将到来的进攻中，真正决心尽自己最大的努力，应当成为每一位在场军官的誓言。"

航空母舰的舰长们，也表现出同样的热情。加来认为，这项计划是历史上该类型的最伟大的作战，每个人都必须全力以赴使之成为驰名的成功。

草鹿在南云讲话之后强调："本次作战的成功，取决于鱼雷攻击。"

然后，源田解释了这项计划，他利用瓦胡岛和珍珠港的模型，指出攻击的各基地和各军舰的位置，把不同的目标分给不同的飞行队，着重强调了专业化。例如，分配对军舰进行俯冲轰炸的飞行队，应把训练集中在这项专业任务上，不能把时间浪费在任何其他目的上。

这次持续了2小时的会议结束时，第1航空舰队在通向珍珠港的路上又走过了一个里程碑。这次重要的会议，不仅扩大了知情者的圈子，而且赋予南云舰队中起关键作用的军官们一种方向感、目的感和紧迫感。

当山本了解到"加贺"号上的热情和积极进行的计划工作时，感到很高兴。但这时，他更加关心的是对他这一计划的反对意见。他知道，即便是南云和草鹿这些与他关系最密切的高级将领，直到目前为止也还没有消除他们内心的疑虑，他们仅仅是屈从于自己高居于上的意志和权威，才不得不加紧进行作战准备。

"在联合舰队里，有一些将军反对攻击珍珠港。"他在和草鹿及大西谈话之后不久，对渡边说。他沉思着又说："也许，依靠能够信赖的年轻军官会更好些。"

在这一思想指导下，山本将更多的事情，交给了源田和渊田。山本真心喜欢这两位有进取心的年轻军官，他看重渊田作为飞行员的技术和领导者的能力，他把源田当作"独一无二的、优秀的"思想的真正源泉，评价很高。

山本对第1航空舰队的训练工作有深深的个人兴趣，不时去鹿儿岛、笠野原和有明湾视察。南云、草鹿和大石也多次来"长门"号，和山本、宇垣及黑岛会面。但是，几乎每次会面，第1航空舰队的高级领导们都会因对珍珠港作战的怀疑而使山本扫兴，搞得山本开始担心起飞行员的士气了。

山本十分清楚，司令官的态度会对手下产生影响，所以有时他派佐佐木直接去找源田询问飞行员的精神状态。山本对他的这些"鹰"的关心程度远远胜过对南云的关心，如果有必要，他可以把南云换掉，但他却不能把第1航空舰队的所有飞行员都解职。源田也很理解山本的心思，所以他每次都让佐佐木确信士气是好的。

源田和渊田可以自由进出设有瓦胡岛和珍珠港模型的草鹿的座舱。因为草鹿也十分看重这两个人。他要源田和渊田按个人意志自由地显示他们的能力，他将尽可能采纳他们的建议，平心静气地注视着他们的活动。他的态度是默认源田和渊田在第1航空舰队中对珍珠港作战的个人作用。这就使南云处于难堪的境地：在一个自己陌生的世界里被一群行动自如的人所包围。吉冈说，这位将军"在第1航空舰队中的处境，有点像一个过继来的儿子……他在飞机的气氛中茫然，感到不安全，不得不想办法减轻自己的烦恼。"

当然，源田和渊田也有他们自己的烦恼，主要是一些战术和技术问题不好解决。到这时，他们已决定在袭击珍珠港时派出两个攻击波，因为同时派出南云的全部飞机，从技术上说是不可能的。渊田将率领第一攻击波，岛崎将在大约一小时之后率第二攻击波出击。源田之所以选中岛崎，是因为他在第二波的飞行员中资历高，了解自己的工作，同时也是一位有魄力的领导人。

令渊田十分头疼的一个问题是，如何才能研制出一种能击中并穿透美国战列舰甲板的高空轰炸炸弹。海军从9月底开始，对一种由16英寸炮弹改装成的炸弹进行试验。海军少将上野敬造领导的横须贺海军航空队，在霞浦东南的鹿儿岛机场进行这些试验。实验已进行了大约10天，还没有命中一次。在这种情况下，上野要求南云派一些最好的飞行员带着飞机来，看看他们能否改进局面。

南云很敏感地领悟到了这种试验的深远含义。他急忙召来渊田，说明情况。"这次试验事关重大，"他郑重地说，"它决定着攻击珍珠港的成败。你马上带上技术最熟练的飞行员去鹿儿岛。如果那里的靶子不够大，必须不顾代价把它放大，它应模仿美国战列舰'西弗吉尼亚'号。"他进一步指示渊田要严格地保密，"你不能说出一点有关珍珠港计划的事，甚至也不能给别人以任何线索。"

渊田带着他的5名"战鹰"到了鹿儿岛，他是那里唯一知道夏威夷作战的人，因而只有他才清楚这些试验的直接用途。

一开始，渊田并没有换大靶子，因此，头两天他们的运气并不比横须贺的人好，观察试验的人们似乎都已悲观了。但是，成功很快就报答了他们的努力。当渊田建议把靶子换成大靶子后，第三天下午，古川直接命中了一颗炸弹，并穿透了钢板。

渊田急忙赶回旗舰作口头报告。当南云担心地说恐怕靶子不是"西弗吉尼亚"号的精确复制品时，渊田向他保证不存在任何问题。此外，渊田袖子里还藏着足以使南云大吃一惊的另外一张王牌。

古川的成功投弹高度是3000米，这解决了珍珠港计划者们一直担心的一个问题——如何保证最大限度的命中率而又同时保证足以穿透美国战列舰甲板装甲的冲击力。在这之前，4000米一直被认为是能产生足够冲击力以穿透

◆ 96式陆基攻击机一架接一架掠过海面进入攻击路线，向战舰"长门"号投下鱼雷。鱼雷是真的，但都从"长门"舰的舰底穿过，所以不用担心"长门"号。

◆ 97式舰攻击机对"长门"号战舰实施鱼雷攻击。

◆ 第1航空舰队训练的主课是各种飞机大编队群的协同攻击法、夜间鱼雷攻击法、投入全部航空兵力的连续攻击法。在训练中,对同一目标集中多枚鱼雷,在"长门"号的前方海面,海水飞溅,形成雾状,远处的驱逐舰似在云雾中航行。

◆ 舰载攻击机。

舰载攻击机以鱼雷攻击和轰炸为任务。日本最初的舰攻机是三叶机10年式鱼雷攻击机,在此基础上又相继设计出了13式舰攻机、89式舰攻机和92式、97式舰攻机。13式舰攻机在1938年以前是日本海军的主力舰攻机。这种舰攻机在侵华战争初期很活跃。

战列舰装甲的最小高度。现在证明在3000米高度上投弹完全可以穿透战列舰装甲，将投弹高度整整降低了1000米，毫无疑问就可大大提高命中率。

对于原来的九机前三角型编队，渊田也提出了不同看法，他建议改成倒V字形的五机编队。

这种倒V字形编队，将使同样数量的战机组成更多的小而灵活的攻击单位，可以大大提高攻击特定目标的飞机使用率。按照计划，第1航空舰队一共有90架97式轰炸机可供支配，其中40架已定下来用于鱼雷攻击，剩下的50架被5除，渊田就可以在那张大棋盘上使用10个棋子。

日本海军飞机的命名

本书中经常出现"97式舰载攻击机""99式舰载轰炸机""一式陆基攻击机""零式战斗机"，飞机名前边的"97式""99式""一式""零式"，到底是什么意思呢？

第一，这些数字都和年代有关，表示该飞机投入使用的时间。第二，采用的是日本旧历，即由日本第一位天皇——神武天皇即位（公元前660年）时算起。第三，上述数字是皇纪年号的后两位数字。例如："99式"为皇纪2597年——1937年；"97式"为皇纪2599年——1939年；"一式"为皇纪2601年——1941年；著名的"零式战斗机"的正式名称是"零式舰载战斗机"，"零式"应为皇纪2600年——1940年。

然而，除非高空轰炸技术的改进和训练取得显著进步，否则这些计划都不会有用。渊田把自己的全部精力，都投入了这项工作。所有的训练工作都急剧地加速了。

在此之前，因为没有特别区分哪些飞机投放鱼雷哪些飞机投放炸弹，而且飞机都是相同的97式，因此飞行员必须同时训练两种技术，这样就很难达到精确的专业化。现在，渊田把它们分开，从原来的9个飞行组中选出4个进行鱼雷投放训练，剩下的5个组进行水平轰炸训练。这种分工，使飞行员中出现了一些愤懑和失望情绪，因为很多飞行员都想当鱼雷机驾驶员，但又不能在技术上通过。被选中的人都必须反应快速准确，或是必须无畏，或是必须有灵活的技巧。

源田和渊田还决定：所有第5航空战队的飞行员都不参加鱼雷攻击，因为他们缺乏专业知识和经验。另外，这个战队的俯冲和高空轰炸机只攻击美军空军基地，因这些目标要比军舰大得多。

渊田根据珍珠港的地形特点，决定鱼雷攻击机成单机纵队攻击，一架跟着一架向目标投射鱼雷，而不是成紧密的编队攻击。这种长而窄的线性队形，特别适合于有狭窄水道和许多障碍物的珍珠港。

在一个晴朗的秋日，渊田把飞行机组人员在鹿儿岛集合起来，对他们说："你们已完成了模拟攻击舰队的初步训练，从今天起，作为一门高级课程，你们将训练用鱼雷攻击锚泊在浅水里的军舰。"渊田用非常随便的口气说出了这些话，飞行员们都感觉不出有什么奇怪的。

"因为训练用的鱼雷还没有准备好，"他继续说，"你们只做动作。

舰载机着舰训练

◆ 着舰训练中的航母"瑞鹤"号
第5航空战队于1941年8月编成，配属新造舰"翔鹤"号和"瑞鹤"号航母。由于这种双新情况，在偷袭珍珠港中不能用于对舰船攻击，所以决定用于攻击珍珠港的各机场。山本五十六上将总是要把他的部队派上最大的用场。

◆ 山本五十六上将为了有效地攻击停泊在珍珠港内的美太平洋舰队的主力舰只，从1941年8月开始，把部队拉到与珍珠港地形相近似的鹿儿岛佐伯湾进行有针对性的训练。图为一式陆攻11型机对主力舰的鱼雷攻击训练。

你们将在飞行队长带领下爬上2000米高空，从樱岛东面半山腰飞过去，降入甲突川峡谷，各机之间保持500米距离，在曲折穿越峡谷时，飞行高度是50米，然后由川崎谷飞到鹿儿岛市上空，以40米高度飞越市区。"

渊田的话引起了一片骚动。飞行员们几乎不相信，渊田这位严格坚持飞行条例的人，会命令他们以40米高度飞过一座城市（在这个高度上飞过城市明显违反飞行条例）！

还有更糟的。渊田要求："从飞机左侧看到山形屋百货公司后，海边有个煤气罐，一旦躲开它，就把飞行高度降到20米，发射鱼雷。你们将在离岸约500米处发现一个浮靶，当投放鱼雷时，要保持平稳的160节速度的平飞状态，然后爬到标准高度返回基地。"

这时，飞行员们几乎惊呆了，在这种高度上，任何严重的失误都会使飞机摔入鹿儿岛湾。

"这是一项困难的任务，大伙要胆大心细。"渊田似乎有点多余地强调。他接着说，"村田上尉将给你们做示范。"说完，他陪着村田走到一架最好的鱼雷机前，对村田说："我希望你能做到。"

受到渊田这种随便、不动声色的态度的影响，村田龇牙笑道："你可以当一名好演员！"随后，村田爬进飞机，起飞，进行了精彩的表演。

那天，鹿儿岛市的居民看到飞机一架跟着一架地从河谷钻出来擦着房顶而过，都非常吃惊。飞机一架接一架地沿着狭窄的河谷曲折而下，然后像由大炮射出似的几乎贴着水面直飞——没有一个人出差错。

渊田脸上露出满意的笑容。

从此，几乎每天都进行这种训练。鹿儿岛市的居民们开始对海军飞行条例感到绝望，因为这些飞行员们似乎在随意惊扰这座城市。甚至红灯区的妓女们也互相说，这些海军飞行员们变得反常无礼了。

出水市居民的日子，也不比鹿儿岛市居民好过。来自"苍龙"号和"飞龙"号的鱼雷机飞行员，分别在他们的飞行队长长井上尉和松村上尉率领下，夜以继日地刻苦训练，飞机的轰鸣声日复一日地惊扰着那里的居民。

当渊田就任飞行队长职务时，俯冲轰炸的投弹高度也是一个尚未解决的问题。以前的做法是，飞行员在4000米高度开始俯冲，在降低至600米时投弹。但过了一段时间之后，将在袭击珍珠港的第二攻击波中率领俯冲轰炸机队的江草建议，等降低至450米高度时再投弹，这样可以增大直接命中的机会。

这是一个危险的做法，飞行员也许因拉不起机头来而机毁人亡。渊田虽然明知上级会禁止这种危险的做法，但他决心要发挥出俯冲轰炸机的最大效率，决定由自己批准这项改变。

这一决定给他惹来很大麻烦。在他做出决定后不久，一架俯冲轰炸机出事了，引起了对这件事的激烈争论。然而与此同时，投弹高度的变化也证明了这样做能大大提高直接命中率。最后，南云决定支持渊田，继续这样做。

就这样，随着南云的训练机器换上高速挡，到10月初，日军准备参战的部队进入了一种新的生活。特别是那些知道袭击珍珠港计划的人，有了一种新的使命感，以冷酷的心和更大的努力投入到训练之中。南云的许多军官们既感到责任重大，更为自己是如此重大的战斗的一部分而感到骄做。他们明白，日本的命运将取决于这次作战。南云和他的高级军官们深深感觉到这项计划所包含的巨大的挑战和固有的危险，他们面前还有很多的事情要做，而做事的时间又是如此的不多，时间成了威胁他们的最大魔鬼。

秘密的军事准备

历来，重大的军事行动总是强调高度的隐蔽性和保密性。山本五十六的偷袭珍珠港计划更要求绝对保密。因为，山本非常清楚，他是在拿整个大日本帝国做赌注，而如此的豪赌又是建立在一大堆不确定因素的基础上的。他必须十二倍地小心谨慎从事，才有可能使梦想变成现实。

固此，他必须清楚瓦胡岛特别是珍珠港的地理、气象、水文等情况，必须掌握美国太平洋舰队的活动规律，必须保证自己的作战飞机能突然出现在珍珠港上空并拥有强而有力的攻击手段和方法……这些在别人听来都要大跌眼镜的事情，却在山本上将的手中变成了一个个活生生的现实。

三

这里的港口不设防

ZHE LI DE GANG KOU BU SHE FANG

　　四季常夏的夏威夷，是太平洋上一个天堂般的地方。金色的海滩、划艇游戏、冲浪、夏威夷吉他、夏威夷歌谣、夏威夷妇女的民族服装和草裙舞……这一切都是那么令人向往。美国的巨大海军基地——珍珠港，就在这个群岛中的瓦胡岛上。

四季常夏的夏威夷，是太平洋上一个天堂般的地方。金色的海滩、划艇游戏、冲浪、夏威夷吉他、夏威夷歌谣、夏威夷妇女的民族服装和草裙舞……这一切都是那么令人向往。美国的巨大海军基地——珍珠港，就在这个群岛中的瓦胡岛上。

夏威夷群岛位于太平洋的中央偏北、北回归线稍南、北纬20度前后的地方，由20个岛屿组成。由东往西的夏威夷岛、毛伊岛、莫洛凯岛、瓦胡岛、考爱岛及其他三个属岛，被称为夏威夷八大岛。群岛的全部面积约等于日本四国岛的面积；从考爱岛的西北端到夏威夷岛的东南端约有3600公里。

群岛全部由火山岛和珊瑚岛组成，其中夏威夷的大基拉韦厄火山，毛伊岛的哈莱阿卡拉火山，莫洛凯岛的拉伊医院和瓦胡岛的珍珠港等，都是著名的游览胜地。

夏威夷群岛的名称，据说是用这个岛的发现者兼征服者的夏威夷·罗阿的名字命名的，原居民为波利尼西亚族，后来由英国的著名探险家詹姆斯·科克把这一岛屿正式介绍给全世界。科克曾把这些岛屿命名为三明治岛，可是这个岛的最初统治者卡梅哈梅哈大王不喜欢这个名字，便于1818年改为"夏威夷王岛"。

1795年，卡梅哈梅哈大王在瓦胡岛的努阿努帕利山岭的激战中，打败了瓦胡岛的土著军以后，便统治了整个夏威夷群岛。后来，他的儿子卡梅哈梅哈二世，于1850年8月31日建都于火奴鲁鲁（檀香山）。

往昔，卡梅哈梅哈大王从夏威夷岛乘坐独木舟远征瓦胡岛时，是在怀基基海岸登陆的，后来怀基基就成了王朝乘船游玩的场所，如今这里已经盖起了鳞次栉比的大厦和旅馆饭店，已成了繁华的旅游胜地。

◆ 原太平洋舰队司令官J.O.理查森上将。

1941年2月1日，金色阳光照射在珍珠港里的战列舰"宾夕法尼亚"号的后甲板上，战舰的铜饰件在阳光下耀眼地闪亮。

舰员们列队站在主甲板上，在青绿色的蓝天下，他们的制服白得令人眼晕。柔和的微风，时而吹动白色的衣领，时而吹动黑色的飘带。

当一批又一批身穿镶着金边制服的人从舷梯走上来时，水手长以时钟一样准确的节奏吹响了哨子，16位将官在最前面站成一排，后面站着珍珠港的美国军舰的舰长们和许多参谋军官。

乐队奏起了《上将进行曲》。然后，从通向下面的左舷升降口，走上来一群高级军官。

理查森高大的身躯笔挺地站在后主炮塔的14英寸大炮下面，他温和的脸庞庄严而又专注。

新任美国太平洋舰队司令金梅尔笔直地站着，给这个场面应得的尊重。金梅尔热爱海军，也喜欢这种不多见的庄重仪式。

今天，正好是金梅尔37年前从柯纳波利斯毕业的日子。37年后的今天，将标志着他一生中最骄傲的时刻，因为这一天他达到了他事业的巅峰——就任海军上将和美国太平洋舰队司令。

仪式准时于10点05分开始。

"舰队的军官和士兵们！"理查森用深沉坚定的语调开始讲话，"我即将离开你们！但这一遗憾被下述事实减轻了：我将把指挥权转交给金梅尔上将，他是我的老朋友，一个直率的人，一名有显著能力的军官和使我感到骄傲的继任人。"

轮到金梅尔讲话了。他迅速戴上了一副角质边眼镜，哗哗作响地展开了一纸讲稿，用一种清晰的办公事的腔调读了起来。

他首先向理查森致敬，然后用略带肯塔基的口音，向他的士兵和他的国家保证："我只能说，我个人的座右铭或指导原则，就是使舰队保持在最高水准的效率和准备状态，不管什么样的命令下来，我将尽我的全力去贯彻执行。"

自始至终参加这个交接仪式的《檀香山广告报》的记者马克·马修斯在第二天的晨报上写道："这位干净利落的蓝眼睛的肯塔基人，现在已成

◆ 美太平洋舰队司令官赫斯本·爱德华·金梅尔上将。金梅尔上将于1941年2月走马上任，1941年12月便发生珍珠港事件，作为太平洋舰队的一号人物，他必须接受一切责任和责难，1942年2月金梅尔被解除司令官职务。

为自行其是的无限孤独的角色，必须对成百万吨的能战斗的钢铁负责——这是世界上最大的战舰集合，也是他的国家的安全所在。"

金梅尔快60岁了，他是一个对自己感到骄傲的男人。他长着一颗很好看的脑袋，在茂密的深金黄色的头发中，夹杂着灰白色头发，宽平的眉毛下是一对反射出聪明和老练的眼睛，形状很好的鼻子以及有强烈决心的嘴和下巴，构成了一张有点严厉的德国式的脸部。雄浑而又带有明显海味的金梅尔，看起来就像是海军的活的化身。

赫斯本·爱德华·金梅尔，于1882年2月26日生于肯塔基西北离印第安纳州不远的小城罕德森。他曾企图进入西点军校，当这个企图失败之后，又报考了美国海军军校，并被录取。

入校后，他在阿纳波利斯勤奋地投入了学业，他想用自己优异的成绩向那所没有接受他的西点军校证明：它漏掉了一个优秀的人才。的确如此，他在海军军官学校的成绩单表明，他在航海、船舶驾驶、军械和语言方面是优秀的，他在效率上排名第二。这表明他将得到晋升。在金梅尔整个海军生涯中，对命令、常规和效率的坚持达到了惊人的程度。

金梅尔毕业时，在全班62人中排名第13。在他此后的经历中，看不出一点点坏运气在等待着他的征兆，相反，他在人生的道路上似乎总是交好运。

1933年，由于在海上和岸上的服役中都干得不错，金梅尔实现了每一名穿黑皮鞋的美国海军军官都有的梦想：得到了一艘战列舰的指挥权。作为"纽约"号舰长的金梅尔，是一位精明的工头。在舰上一年之后，金梅尔参加了战斗部队，当上了战列舰舰队司令官的参谋长。在这些金梅尔晋升为将军前的准备时期里，他有三个方面最为突出：优秀的炮火射击成绩、重要的参谋经历和在战列舰上服役的坚实的背景。

后来，华盛顿任命金梅尔为海军部的预算官。这个职务需要经常与国会打交道。在那里，金梅尔的自信、真诚、耿直和谦恭的品质，加上他在必要时所表现出来的魅力，使他得到很多好处。在当预算官期间，金梅尔晋升为海军少将，时间是1937年11月。次年7月，他便返回海上，当上第7巡洋舰舰队司令官。

夏威夷

美丽的夏威夷群岛位于太平洋中部，群岛中最为美丽的又属瓦胡岛。著名的海岛城市檀香山（又称火奴鲁鲁）和美国太平洋舰队基地珍珠港就在瓦胡岛上。珍珠港的战略地位十分重要，素有"太平洋心脏"之称。港内水区面积32平方公里，水深12～18米，可同时停泊各种舰船500余艘。基地内设置配套而完善，建有陆海飞机场6个，油库、弹药库、修理厂等主要设施十余处。

◆ 美如画卷的珍珠港。

◆ 珍珠港一角。

一年之后的1939年，他作为巡洋舰舰队司令官踏上了"火奴鲁鲁"号。他十分苛刻地要求舰船秩序井然，锚链的升落要不差分毫，海上的速度与航线要十分准确，信号要清楚有力，训练要以精确的编队和果断、机动、生气勃勃地进行，若做不到的话，一定要使他知道原因是什么。

但是，金梅尔虽然有在海军历史、战术和战略方面的坚实知识，却缺少创造性想像力的火花。虽然一件不和谐的事或一个好的笑话可以引起他衷心的微笑，但他缺少真正的幽默感。

熟悉他的人都说，他是一位值得称赞而不值得爱的容易相处的人。他的下属对他有一种说不出原因的忠实和亲切的感觉，当他在饭堂里与下级军官一起吃饭时，谈话是自由的，并通常集中到本行业务方面。在晚上，金梅尔有时玩玩牌，但更多的是回到他的座舱里研究作战计划，或沉醉在一本书中。

直到1941年初，金梅尔的档案里记载的基本都是对他高度评价的报告和远大前程的预测，几乎他的所有上级都对他给予肯定和表示满意。但是，当华盛顿把他作为太平洋舰队的司令官召见时，整个海军从他本人直到士兵却都感到很惊奇。因为金梅尔级别毕竟较低，而且也没有太大的知名度，在美国海军中，比他资历高的人还有很多。日本袭击珍珠港事件发生后，美国负责调查这一事件的一名成员曾问金梅尔："你是否进行了活动，或利用了任何影响来取得太平洋舰队的指挥权？"金梅尔坚定地回答："没有，先生……我用来成为舰队司令的唯一影响，是尽力做好我的工作……"金梅尔的表白是实事求是的，美国海军部之所以选他担任舰队司令，是基于一个十分简单的原因：认为他是最适合这项工作的人选。

　　这样，美国太平洋舰队的指挥权便转入了一名与其著名对手山本五十六有许多共同点的人的手中。

　　金梅尔与山本，两人都出生在小城市，都于1904年——日本偷袭亚瑟港这一年——毕业于自己国家的海军军校，都富有推动能量，都有坚强的意志和坚决献身于自己职业的精神。不管走到哪儿，两人都能使别人强烈地感觉到自己的存在，并且当他们想要开辟自己的路时，都会努力做到。两人都在自己周围集合了一批具有特殊才能的军官，使这些人对自己完

◆ 金梅尔上将和他的参谋们。

全信任，并如家人似的对待他
们。两人都鼓励自己的下级军
官的个人首创精神，并乐于听
取正反两方面的意见。两人都
给自己的人以强烈的信任，作
为回报则得到他们对自己的忠
诚，这种忠诚能够经受住各种
压力，并持续多年。最重要的
是，两人都是爱国者，都是一
直战斗到最后一滴血的地道的
水兵。

　　除此之外，两位将军都有
如同夏天闪电般的脾气。山本
能跺脚跺得他的座舱振动，而

◆ 夏威夷陆军部队司令官沃尔特·C.肖特中将。

金梅尔以把手边的书扔向舱壁而出名。当金梅尔真正发火时，他把自己
的帽子摔到甲板上，并且跳上去踩它。当他们发火时，他们各自的下属
往往会把舱门封起来，直到他们的雷霆过去。当然，这些下级军官并不
认为自己的将军坏，但他们不想忍受这种折磨。

　　金梅尔接过指挥权的几天以后，美国新任夏威夷陆军部司令沃尔
特·C.肖特陆军少将也来到夏威夷。他的前任海伦陆军上将，站在码头上
迎接他。

　　2月7日时钟敲响9点时，肖特的汽车在谢夫特要塞的撒满阳光的阅兵场

上正好停下。简短的仪式之后，海伦正式把他的绶带和旗帜交给了肖特。

那天中午，在谢夫特要塞美军夏威夷陆军部司令部里，肖特接受了中将军衔的晋升。身旁的肖特太太面带笑容，显得十分幸福，把新军衔的徽章别在他的肩上，她显得比她的丈夫更加自豪。

1880年3月30日出生在伊利诺伊斯州的肖特，于1902年在依利诺伊斯大学毕业。同年3月，他得到了从1902年2月2日起生效的军官资格任命。在以后的几乎40年中，他提供了一部他那一代标准的陆军军官的典型历史。他军人生涯的初期，是在得克萨斯、旧金山的普雷迪奥、菲律宾、内布拉斯加和阿拉斯加度过的。从1912年2月至1916年3月，他是俄克拉荷马州的西尔要塞射击学校的书记官。然后，他随第16步兵团去墨西哥进行惩戒性的远征。

在第一次世界大战中，他获得了令人尊敬的纪录。他作为一名上尉，于1917年6月被首批派往英法前线，乘船去了法国，帮助英国和法国组建了一所自动化武器学校，并亲自指导机关枪的教学。停战之后，他留在海外直到1919年，在那期间，他是助理参谋长，负责第3军在德国的训练工作。

1920年，他从设在堪萨斯州的利文沃斯要塞的指挥与参谋学校毕业。从1921年7月开始，他在华盛顿度过了3年服役期，先是在陆军部和陆军参谋部供职，然后进陆军军事学校深造，于1925年毕业。接下来的3年，他是在波多黎各度过的，后回到利文沃斯当参谋，一直到1930年9月。以后的4年，是在华盛顿的海岛事务署，但不久又回到部队，任过许多指挥职务。到1937年，他戴上了陆军准将的一颗星。随着欧战爆发，他接受了进一步的指挥任命，首先在哈米尔顿，然后在南卡罗来纳州的哥伦比亚，最后作为他事业的顶峰，陆军任命他为夏威夷陆军部队司令。

金梅尔和肖特很快就建立了良好的个人关系，他们约定了两周一次的星期日早晨的高尔夫球聚会。当他俩在办公室里坐在一起时，或在草坪上散步时，一定会是一种引起新闻界兴趣的场面。

肖特就任后，对夏威夷防御的情况做了调查，并在不长的时间里就有关战斗机与轰炸机的疏散与防护问题，给陆军副官署署长写了信，他在信中说："这些飞机集中在惠勒机场和希卡姆机场，对保卫它们免受敌机攻击造成了严重的问题。"他要求为142架单引擎战斗机、121架双引擎战斗机、25架双引擎轰炸机和70架四引擎轰炸机提供地下钢筋水泥掩体防护，总共需要经费156.56万美元。但他的这些请求没有任何结果。

3月15日，肖特就夏威夷的防空情况，又给陆军部写了一封信，他说："关于空袭的最严重的问题，是陆海军两方面的机场对空袭的脆弱性。"

在这里，肖特已经凭直觉意识到，日本人要取得最大的成功，必须在攻击军舰之前或攻击过程中把美国空军钉在地面上。在讲清夏威夷众多的短缺之后，这位陆军将军进一步强调："与美国本土大部分地方的情况相比，夏威夷的防空协调工作表现出完全不同的情景。本岛是如此之小，以至于在这里没有与本土上的警报系统相同程度的警报。在安装我们的新的监测装置之前，我们只有来自不同的岛屿的警报，只能对最危险方向约75海里的范围发出警报，以便使战斗机在最短时间内升空。"

了解珍珠港防御情况的美军高层人员，自然会表现出某种程度的不安。因为珍珠港是距美国本土几千海里之外的唯一领地，在那里美国太平洋舰队可以加油、整修和补充食物，港湾的形状大致像一朵三叶苜蓿，西、中和东海湾分别构成了三个花瓣，只能从它的细长的茎进出，那是一条长长的水道，最窄的地方一次只能通过一艘大船，因此有位美国将军把珍珠港称作"该死的捕鼠器"。

金梅尔也同样清楚珍珠港的这种对舰队的不利之处，他在上任初始就给他的上司写了一封信，要求增加珍珠港的防御兵力。但他的上司回信说："罗斯福听到了不少水兵家属的抱怨，说他们的亲人像沙丁鱼似的被塞到战舰里，因此，总统强烈地感到人太多会使我们的舰船变得更不舒服，我们不知道如何才能使总统同意增加超过目前舰上已满员的人员编制。"

没等收到要求增加兵员的答复，金梅尔就于2月15日向他的部队发出了太平洋舰队第二号密件。密件中，金梅尔对舰队可能会受到攻击表示担心，列举了各种能想象得到的紧急情况，并附有自己兵力所允许采取的应急措施。

密件的第二段声称："负责任的世界强国，当然不会在目前条件下用进攻这里的舰队或基地来挑起战争。但是，不负责任的和被错误战略思想指导的强国，也许会进行这种尝试。"这封信进一步假设，敌人在宣战之前也许会：（1）偷袭珍珠港的美国军舰。（2）使用潜艇偷袭航行在海上的美国舰只。（3）上述情况同时发生。

虽然金梅尔在密件中提出了偷袭珍珠港的可能，但在当时他从内心里认为，日本绝不会故意首先发动与美国的战争，因为这几乎是可笑的。

金梅尔在密件中，规定了防卫空袭的大致分工。陆军在海军的支持下操纵海岸高射炮。舰队在珍珠港的所有部队，加上所有舰队的以瓦胡岛为

基地的飞机，联合组成夏威夷的防空配系。金梅尔分配第14海军军区司令
布洛克负责海军基地的防卫，并明确了他的责任。其中包括这样的告诫：
"必须记住，一艘潜艇的攻击可能表明一支大型的也许由伴有航空母舰的
快速舰只组成的水面舰队的存在……"

金梅尔的舰队密件，没有规定要进行远距离巡逻飞行，以保卫瓦胡岛
的空中安全，这是一个不可饶恕的失误。

2月18日，金梅尔再次表示了他对他的舰队安全的担心，他在一份报
告中强调指出："我感到，对珍珠港的突然袭击（潜艇、空中或二者结合
的）是可能的。我们正在采取现实可行的步骤，以使由这样的袭击所引起
的损害降至最小程度，并保证使进攻的敌人部队付出代价。我们需要反潜
力量和巡逻飞机……"

在这份报告中，金梅尔只写了使进攻者付出代价，而没有写如何阻止
这种攻击。但他和肖特都认为，敌人的攻击更可能发生在美国军舰不在珍
珠港内时。他说："我感到，随着形势的发展，舰队也许会离开珍珠港。
只有在这样的紧急情况下，敌人才有可能企图对珍珠港的军事设施发动迅
速的入侵。"

金梅尔和肖特之所以这样看，是因为他们认为太平洋舰队是用于进
攻的，一旦宣战，舰队的主要兵力将急速驶往各战区，并在西太平洋巡
航，对日本人形成强大威慑。一旦战争开始，太平洋舰队本身的进攻行
动，将是对珍珠港最好的防御。他和肖特的这种估计，与后来事情的发
展恰恰相反。

为了帮助自己执行多方面繁杂的任务，金梅尔精选了一批非常聪明的

军官做参谋，其中很多人，他已认识多年了。他从"布鲁克林"号的舰桥上把人们普遍喜欢的绰号叫"薄荷"的史密斯海军上校选上来，当他的参谋长。史密斯所具有的超人记忆力，使他的头脑非常机灵，他总是那么幽默，跟他聊上两句话，就像吃下一块令人兴奋的口香糖。

在金梅尔的下级军官中，与他最接近的是他的副参谋长与作战参谋迪兰尼海军上校。迪兰尼处理问题最讲究实事求是，而且他还有很高的智商。他与金梅尔有很多相似之处，包括努力工作以及对职业高度的热情。他在阐述自己的看法时，从来不管金梅尔与他的意见会不会相同。

金梅尔发掘出绰号叫"索克"的麦克莫里斯海军上校当作战计划参谋。他是个讨人喜欢的人物，能够不用拍桌子就让别人接受他的想法。对于很多海军军官来说，"索克"的大写字母签名就是一份行动计划成功的保证。

金梅尔留下了几位他的前任理查森的参谋人员，其中有麦克莫里斯的助手墨菲海军中校，理查森认为他是"美国海军中最优秀的军官"。另一位留用的是头脑敏锐的戴维斯海军中校，舰队的航空参谋，他是一名飞行员，也是金梅尔的军官中唯一一位了解甲板起飞的人。金梅尔也留下了理查森的情报参谋雷顿海军少校。雷顿自信、机智，曾于1937年4月至1939年3月任驻日本的海军副武官，因此对日本的情况特别是日本海军的情况有第一手资料，他还能流利地讲日语。

随着理查森的去职，绰号"德国人"的柯茨海军中校希望能离开通信部门的工作，回到他所喜爱的海上。当金梅尔把他召到旗舰上，问他"年轻人，你愿意成为我的参谋人员吗"的时候，柯茨对这种讨好的询问坚定地回答："见鬼，不！"这立即的否定让金梅尔感到吃惊，也让他感到十分难堪。"你必须服从！"金梅尔毫无商量余地地说，"已经决定了。"柯茨咕哝道："噢，见鬼！"语调完全是一种憎恶的屈从，让在场的人包括金梅尔都爆出了大笑。这样，他把柯茨也拉入了他的指挥圈子。

以上几位，就是当时金梅尔参谋人员中有代表性的几位军官，这个参谋群体体现了智慧、专业知识、能力和个性十分突出的结合。他们相互关系极好，互相补充，互相信任，并都具有对他们的司令官的忠诚。

每一个人在就任更高的职位后，都会发生一些变化。人们在金梅尔身上也看到了一些变化。他过去就是一位刻苦工作的人，而现在几乎对献身于工作着了迷，如果不能说超越，也可说至少是达到了献身与狂热之间的境界。只是，他在细节上花费了大量的时间，也过分地注重事物的外表。

金梅尔来夏威夷时，把妻子留在了本土。当史密斯问他"为什么没把她带来"时，金梅尔说："喔，说实话，史密斯，我觉得当家庭在身边时不能干好工作。"他的回答让史密斯感到不好理解，因为史密斯知道，金梅尔太太的一生都是在海军中度过的，完全能够正确对待她丈夫的职务带来的各种问题。

金梅尔对自己的部下要求很严，对自己更严。他期望他的人个个高效率，而从不承认只是想干好的良好愿望。一位美国人评价："在穿海军蓝的人中，大概再也找不出比金梅尔更有觉悟、更努力工作、更爱国和更真诚的人来了，他是很值得他的军官们对他忠诚的。这种忠诚是一贯的，在他生前和死后一直存在。"

　　金梅尔的办公室设在舰队总部大楼的二楼上。办公室的设置体现了金梅尔的个性，足有300平方英尺大的房间中，令人不可思议地整洁与空荡，摆设和家具极少，一点也不装模作样，在距房间西北角不远处，有一张普通的办公桌。太平洋舰队中流传着这样的说法：你可以在漆黑之中倒退着走进金梅尔的房间，并且能够在精确指定的地方找到任何一本书、一张椅子或是一支铅笔。这充分反映了金梅尔办事情井井有条、严格精细。

　　担任太平洋舰队司令几个月来，最使金梅尔焦虑的问题是，他缺少实力来完成期待他完成的艰巨任务。5月26日，他发给美国海军作战部长斯塔克一份长达11页充满了攻击意见的备忘录。

　　他的第一个攻击矛头，刺向"稳定人员"这个巨大的难题。美国航行局前不久规定，要从各舰队抽调经过训练的人员到新建造的军舰上去服役，并且提出72%的人员来自太平洋舰队，28%的人员来自大西洋舰队。换句话说，华盛顿把太平洋舰队当作了有经验的人员的源泉。金梅尔强烈抗议道："除非按照最近调整过的各舰队的相对力量重新调整这些数字，否则太平洋舰队将被严重地夺去有经验的人员……"

　　金梅尔的第二个攻击矛头，刺向"航空力量薄弱"。几乎夏威夷航空的所有方面，都不能使金梅尔满意。无论是有经验的飞行员，还是分配到的飞机的数量与质量，它们的武器系统和配件，都不让金梅尔感到高兴。

　　第三个攻击矛头，刺向"物资供应不足"。他说："转变物资严重不足的状况，受到两个因素的限制，一是对大不列颠的援助，二是陆军迅速地扩大……从目前形势的种种迹象看，海军也许会与良好装备的敌对力量作战，但却得不到像英国和陆军所需要的那样多的生命攸关的必需品……"

第四个攻击矛头，刺向"太平洋舰队海上兵力不足"。他指出："随着近来派出许多最现代化和最有效率的分遣舰队，留下来完成可能会被分配的任务的舰队，是否足够与适合，就值得怀疑了。在太平洋，我们潜在的敌人离我们很远，很难够着……并且还有一个防御系统……这是一种最难克服的对立物……它要求我们具有轻型舰只和航空母舰的优势，而这些又是我们令人遗憾的不足。我们目前的优势只是在战列舰方面，但只有在我们克服了上述不足之后，这种优势才能真正起作用。"金梅尔清楚地知道海军航空兵的价值，他从不把战列舰作为最终武器加以依赖。他在备忘录中指出：按目前的作战计划，太平洋舰队已被无可非议地"在轻型舰只和航空母舰方面如此地削弱，以至于使它用于决定性进攻作战的能力，严重地残缺了……"

接着，金梅尔直接轰炸了"国家政策"。这位舰队司令官在备忘录中写道："……我们的国家政策和为贯彻它们的外交以及军事行动，不是充分协调的。今天，任何政策都不会比用来支持它的武力更好。虽然这一点在原则上被承认了，但在实践上却明显地被忽略。我们去年夏天，把舰队留在夏威夷作为一种外交姿态，但几乎同时又派出多艘重巡洋舰去大西洋……"

随后，金梅尔提出一个解决办法："政府的外交部门应该告诉军事部门希望产生什么样的效果，军事部门对可用的手段以及完成目的方式的判断，应有决定性的分量。"

最后，金梅尔又把火力瞄准"情报问题"。他说："司令官……按规定不被告知政策……这已反映在目前事态和海军调动中，结果就不能估计对他的舰队可能会产生的影响。他甚至不能确切地知道他自己可用什么样的兵力，并且对严重影响他执行分配到的任务的能力的事情，没有发言权……大家都认识到，有时无论是外交的还是军事的国际事务的迅速演变，也许甚至连军事权威本身对这些事务都缺乏了解，这就会妨碍提供及时的情报。目前局势，确实是对显著的事态发展相当敏感的……"

海军作战部长斯塔克接到金梅尔的备忘录后，认为金梅尔对全局缺乏应有的理解，他感到应当把太平洋舰队司令召到华盛顿来，当面谈一谈。

接到斯塔克的邀请，金梅尔对有机会在那里面对面地与海军领导们磋商高兴得不得了，于是他带着作战计划参谋麦克莫利斯，立即起身向美国本土驶去。

6月13日，海军部长诺克斯设午宴招待海军作战部长斯塔克、太平洋舰队司令金梅尔，以及大西洋舰队司令等人。席间，大西洋舰队司令长篇赘述了他的舰队在大西洋的活动。稍后，金梅尔和海军作战部长进行了长时间的和睦的谈话。他自由地讨论了自己面临的所有困难，包括他5月26日备忘录的基本内容。

金梅尔也向斯塔克谈了珍珠港的薄弱环节，舰船、储油和修理设施的拥挤会招来攻击，特别是从空中来的攻击。还有，单一的出入水道（所有的舰船都得用它）使舰船暴露在潜艇攻击之下，并总是存在着被封锁的危险。"当舰队停在港中受到空袭或其他方式的袭击时，"他强调说，"至少需要3小时才能完成出港"。考虑了各种情况之后，他相信"唯一理想的答案，是当发生攻击时舰队不在珍珠港内"。

◆ 太平洋舰队出港后的空荡荡的珍珠港（1941年10月23日摄影）。

金梅尔这次旅行的高潮，是在斯塔克的建议下他约见总统的要求得到同意。

金梅尔与罗斯福总统会见的地点在白宫，时间是6月9日14点25分到15点50分。会谈中，两人的思想交锋是短暂的，而且次数很少，双方谈话相当平和。金梅尔对总统并不是很崇拜，而且他又是一位直爽的人，因此他对总统的话并不是一味地说"是"或"对"。他从不未加思考就对别人的意见表示同意。

罗斯福向金梅尔吐露，国务卿赫尔和其他一些人正在和日本人谈判，目的是寻求一个"数百年的"和平的太平洋。金梅尔仔细听了之后，认为总统的观点"包含了大量的如意算盘"。

罗斯福问金梅尔对再从太平洋舰队减3艘战列舰怎么考虑。总统又说，海军部长诺克斯告诉他："6艘战列舰就可以袭击日本的通信系统，并同时保卫夏威夷。"罗斯福继续说道，"斯塔克认为3艘战列舰就足以保卫夏威夷，他提议另外3艘可以进行许多袭击任务。"

这时，金梅尔忍不住嚷道："发疯了！"

总统插话表示赞同金梅尔的看法，他说："我也觉得那种说法是愚蠢的。我告诉了诺克斯，那是愚蠢的。"

金梅尔愤愤地说："比我更高的权威将会解决这个问题，我确信对太平洋舰队这样的进一步削减，将无异于邀请日本来进攻！"

"完全正确。"罗斯福说。

由于日本在太平洋的战列舰比美国多，在谈话中，金梅尔向总统提出将"北卡罗来纳"号和"华盛顿"号战列舰调拨给太平洋舰队，他说：

"我们在太平洋用于进攻作战的能力，因近来调出的舰只而大大地减弱了，增加这些战列舰，将有助于恢复平衡。"

金梅尔告别时，形成了这样一种印象：总统没有再由太平洋舰队调出更多战列舰的意图。这对于这位将军来说，是一个莫大的宽慰，因为他一直认为：为了对日本产生威慑效应，把太平洋舰队搞得很强大并部署在珍珠港，然后再把强大的分舰队分散到大西洋去是最有效的办法。

会见结束时，这位将军总算使总统清楚地认识到了珍珠港目前的情况，即防卫安排、储油、航空发展的需求，以及缺少巡逻飞机和雷达等问题，他和总统认真讨论了珍珠港作为舰队基地的薄弱之处。

金梅尔对自己与总统的谈话非常满意，他微笑着告别了白宫。

尽管与总统的谈话取得了很大成功，但金梅尔仍然没有消除这样的担心：某一天，有一只手会伸出来抢走他更多的军舰。不久前"约克城"号被调走，就已使他的航空母舰力量减少了三分之一，随后又调走一些巡洋舰和驱逐舰，太平洋舰队的机动作战能力已被大大削弱。燃料短缺的问题，使金梅尔感到压力很大，他决定，削去3艘油轮，把舰队比以往更紧地拴在珍珠港。

从美国的军事战略看，在太平洋战争爆发之前，珍珠港的防卫并没有引起美国政府和军事当局的重视，珍珠港基本上是一个不设防的港口。作为太平洋舰队司令的金梅尔，不得不在面临许多困难的情况下组织珍珠港的防卫和考虑太平洋舰队的作战问题。这也是导致珍珠港罹难的重要原因之一。

美国太平洋舰队

美国太平洋舰队是美国海军部署在太平洋战区的战略战役军团,美国海军两洋舰队之一。主要使命是在太平洋战区及印度洋战区单独或协同其他军种遂行战役和战略任务,其中包括组织实施海上战役、消灭敌方海上力量、控制海洋、确保海上交通线、突击敌方岸上目标、实施登陆作战及向海外投送兵力。平时归美国海军部长和海军作战部长领导,战时受美军太平洋总部司令指挥。

1907年美成立太平洋舰队,1922年与大西洋舰队合并为美国舰队。1940年,根据美国国会通过的"两洋海军"法案再次建立太平洋舰队。首任舰队司令是理查森上将,1941年2月金梅尔上将接任。

太平洋舰队司令部驻夏威夷的瓦胡岛,珍珠港是其主要大型军港。瓦胡岛经美军多年建设,已经成为美军在太平洋中部地区设施良好、功能齐备的综合大型军事基地。

太平洋舰队下辖两个以上作战舰队(按奇数编序),分日常编组和特混编组两种形式。日常编组由兵种(或舰队)部队编成,编制固定;特混编组根据任务临时编成,兵力由兵种司令部派出,不定期轮换,分为舰队、特混舰队、特混大队、特混小队和特混支队五级。第二次世界大战中,曾下辖第1、第3、第5、第7、第9舰队。

　　1941年12月7日当时，太平洋舰队实力为战列舰9艘、航空母舰3艘、重巡洋舰12艘、轻巡洋舰9艘、驱逐舰54艘、潜艇25艘，总计112艘舰船。受偷袭当时，4艘航母和1艘战列舰不在珍珠港内，其余主要作战舰只都停泊在港内。当时停泊在珍珠港的战列舰有："西弗吉尼亚"号、"马里兰"号、"加利福尼亚"号、"田纳西"号、"亚利桑那"、"宾夕法尼亚"号、"内华达"号和"俄克拉荷马"号。

◆ 在太平洋战争中立下赫赫战功的"约克城"号航母，在遭受到日军的第四次攻击后最终沉没。

◆ "大黄蜂"号航母。

◆ 1941年10月14日拍摄的"列克星墩"号航母。为了作战，舰身已涂迷彩。飞行甲板上满是飞机。前部是F2A战斗机；中部是SBD轰炸机；后部是TBD鱼雷机。

◆ "企业"号航母。

◆ "内华达"号战舰，1916年完成，1927～1929年进行改装。同型舰还有"俄克拉荷马"号。被誉为近代战列舰防御体系的典范。舷侧装甲带34.3厘米厚。主炮10门，均为35.6厘米450径。
"内华达"级："内华达"号BB-36，"俄克拉荷马"号BB-37。

◆ "宾夕法尼亚"号战舰，1916年完成。同型舰还有"亚利桑那"号战舰。是"内华达"级的改进型。主炮12门。标准排水量为3.14万吨，是美国战列舰首次突破3万吨的战列舰。
"宾夕法尼亚"级："宾夕法尼亚"号BB-38、"亚利桑那"号BB-39。

◆ "科罗拉多"级"西弗吉尼亚"号。

1921～1923年完成3艘"科罗拉多"级战舰，属"田纳西"型改进舰。主炮改为40.6厘米45口径炮，计8门。防护力有所加强，水线装甲带最厚处达40.6厘米。续航力为12节时2万海里。

"科罗拉多"级："科罗拉多"号BB-45，"马里兰"号BB-46和"西弗吉尼亚"号BB-48。

◆ "田纳西"级战列舰："加利福尼亚"号。

1920～1921年完成。标准排水量3.23万吨。三联装35.6厘米50口径炮4座。重视水中防御，采用多层式防御法和双层底构造。续航力强。

"田纳西"级战列舰："田纳西"号和"加利福尼亚"号。

四

谍影重重

DIE YING CHONG CHONG

"日本驻夏威夷领事馆是瓦胡岛的间谍的温床。"一位美国人在珍珠港事件发生之前这样说。

在1941年，日本驻夏威夷领事馆是日本驻外机构中最忙的一个。在日本海军情报部门领导者们的心目中，它是海外最重要的机构之一。

"日本驻夏威夷领事馆是瓦胡岛的间谍的温床。"一位美国人在珍珠港事件发生之前这样说。

在1941年，日本驻夏威夷领事馆是日本驻外机构中最忙的一个。在日本海军情报部门领导者们的心目中，它是海外最重要的机构之一。

日本间谍已在夏威夷活动很长时间了。当1940年5月罗斯福把舰队配置在这片水域时，日本海军军令部就通过外务省要求总领事郡司喜一定期报告美国海军在夏威夷的规模、部署与活动。在日本，海军军令部有权要求外务省在海外的代表从事间谍和其他情报工作。

当时，郡司喜一主要依靠火奴鲁鲁的报纸来取得有关美国舰队的情

◆ 日本间谍在夏威夷大本营——檀香山日本总领事馆（1941年当时）。

报。那时，新闻界一直报道美国舰队的规模、数量和调动情况，并使用准确的舰名以及到达和离开的时间，这为日本间谍获取情报提供了极大的便利。

郡司喜一于1940年9月11日回到日本，他的副手奥田乙治郎代理了他的工作。奥田从外表看来庄重、机敏，给人以有知识的感觉，他的主要兴趣在于个人升迁和发迹。他中等身材，一派事业心和责任心很强的形象，并隐含着某种东方神秘的气氛。

日本派奥田来火奴鲁鲁，在很大程度上是为了组织和领导夏威夷的情报网。接受任务后，奥田迅速并有效地开拓了夏威夷的间谍工作。当时，监测美国舰队的动向不存在特殊的困难，地方新闻媒介常常如实地报道有关消息，奥田从中提取适当的素材，并译成密码，以商业电报发出。

有些情报虽然在夏威夷是公开的消息，但一到了日本外务省，就成为够等级的情报，立刻被转给海军军令部，在那里成为情报磨坊中的原料。

奥田并不满足于仅仅依靠报纸。他还派出自己的情报人员去查看珍珠港的舰队，以检验新闻报道的真实性。后来，由于夏威夷的新闻媒介越来越注意保密问题，奥田依靠公开渠道所能得到的可靠消息越来越少了。于是，奥田决定找到其他收集情报的办法。

奥田不太敢从生活在瓦胡岛的日本人中招募间谍，因为担心这些人不可靠。他从他的馆员中挑选了领事馆的财务关孝一。

关孝一当时39岁，体质较弱，看起来有点病态。他曾上过设在江田岛的海军军官学校，但又被体面地除名了，原因是他的健康状况不合乎海军的标准。但是在奥田看来，关孝一是合适的间谍人选。

日本外务省设法为关孝一搞到了一本简氏战舰年鉴，关孝一经过两个月的阅读，熟练地记下了所有美国舰只的型号，然后开始去侦察美国太平洋舰队。

日本领事馆离珍珠港只有十几公里，他从领事馆很快就可以到达那里。只要他待在军事禁区外，就不犯法。他通常是叫一辆出租车去港区，从出租车的车窗直接观察港口，然后回到领事馆起草报告。

奥田审查完报告后，再送给负责密码的秘书月川，译成密码后发往日本。

就这样，有关美国舰队的情报，源源不断地发向日本海军情报部门。

为了加强情报工作，1940年1月上旬，奥田又命令一个名叫理查德·琴城户正之的人协助关孝一。琴城户年方25岁，是一位引人注目的壮实的年轻人，他于1935年参加了日本领事馆的工作。如同他的名字一半美国一半日本那样，他是一个有点矛盾的人物。和许多与他同样身份的人相同，按日本的法律他是日本公民，按美国法律他又是美国人。琴城户长着柚木色的宽脸，充满智慧的双眼，留一个小平头，性格随和，容易相处。作为一位夏威夷本地人，他能够以司机兼保镖的身份干一些关孝一所不能干的有价值的事。

东京对美国在夏威夷的军事活动越来越感兴趣，这可由东京2月15日发出的一份电文看出。电文说："对于牵涉美国和加拿大的情报工作，我们特别期望如下的情报：太平洋海岸和夏威夷区域的军事准备的增强或补充；军用物资的储存和供应的数量以及类型；备用机场……"

事实上，奥田并不需要督促。到这时，他的报告已是定期的和详细的了，关孝一的侦察工作也大大地改进了。

这时，美国也已非常注意保密问题。2月10日，海军部长诺克斯呼吁保护军事机密，请求美国公民不要泄露舰队人员的调动情况。他也许白费了口舌。就在肖特来到夏威夷的同一天，1941年2月5日，《火奴鲁鲁星报》以"舰队的主力出海"为题，发了整版的新闻，并刊登了这位新任夏威夷陆军部队司令官坐在后排的照片。

关孝一并不仅仅依赖于新闻报道，他用日本人特有的认真劲儿，一直亲眼核对每一个情报。

2月27日，奥田向上级报告说："显然，部分舰队出海训练一周，另一部分停在珍珠港一周。每星期三，海上的与停在港内的舰只轮换。这种调动是上星期三注意到的……"

从这一天起，夏威夷的日本间谍开始了精确地描述美国太平洋舰队的时间安排和活动日程的一个又一个报告，一直到袭击珍珠港的炸弹落地，这种报告基本没有中断过。美国人在保密工作中的疏漏，给日本间谍提供了可乘之机！

3月14日，火奴鲁鲁的新任日本总领事喜多长雄乘日本客轮来到夏威夷。在简单的宴饮之后，他立即对当地的显贵们包括肖特进行了礼节性的拜访。

喜多长雄长着一副宽脸，厚发，浓眉，扁平狮子鼻，短粗身材，看起来像是一个职业拳击手。他穿着讲究，热心打高尔夫球，是社交能手。他在亚洲大陆待了多年，使他养成了一种东方上流人士的非常悠闲的气质。他灵活多变，善于适应各种复杂的环境。无论在什么情况下，他总是

◆ 日本驻檀香山总领事喜多长雄。

冷静、超然和警惕的。他是一位鳏夫，唯一的儿子在日本上学，因此他可以把他的巨大精力全部投入到他在火奴鲁鲁的工作中去。

为了帮助喜多长雄的工作，上级给他派来了一位年轻人，此人以"森村正"的名字出现在前往夏威夷客轮的旅客名单上。实际上，他的真实名字叫吉川猛夫，是一位受过训练的谍报人员。

当奥田把欢迎的花环挂在吉川猛夫的脖子上，并引导着这位被保护人通过海关时，实际上日本海军已把其最高级的秘密间谍安插到了夏威夷。

吉川到达夏威夷后，奥田立即把他带回领事馆，领他进入喜多的办公室。吉川交给了总领事一封信，是海军军令部情报部的山口文次郎海军上校写的，信中有6张100美元的钞票供吉川执行任务时使用。

喜多看到了一位中等身高的纤细的人站在面前，看上去此人比他的实际年龄29岁年轻得多。吉川一头稍长的黑发从平滑的前额成波浪状梳向后面，一双像受惊的小鹿似的眼睛从易动的双眉下望出，他左手食指缺一节——这是一种很容易被人认出的残疾。总之，他看上去有点野，不像公认的间谍形象。

在一阵慌乱的鞠躬和令人好笑的动作之后，奥田带吉川从喜多的办公室出来，去和其他馆员见面，那些人只知道刚来的人叫森村正。

最初，喜多和奥田都怀疑吉川能否成为一名好间谍，然而吉川并没有让他们失望。吉川可以称得上是一本活的美国海军百科全书，他是江田岛的毕业生，正当在自己所选择的事业的前进路上似乎很顺利时，一场严重的胃病迫使他不得不退役，他深为自己的不幸而哭泣。后来，一位海军人事官员告诉他说，仍然给他留了一个位置，但是他必须放弃将来一切提升的希望。这是吉川回到他所喜爱的海军而必须付出的代价。

在海军军令部的情报课，吉川接受了简单明了的指示：他必须提高英语水平，并成为有关美国太平洋舰队和在关岛、马尼拉以及珍珠港的美国基地情况的专家。经历4年刻苦学习之

◆ 化名森村正的日本海军间谍吉川猛夫。

后，他参加了外务省的英语考试，当上了一名初级外交人员，于是他有了为他的真正使命的必要外装。1940年8月，他的领导西田正雄海军上校通知他说，他将作为一名外交人员去火奴鲁鲁，在那里用外交电码报告美国舰队及基地的每日状况。在他启程之前，山口文次郎上校又向他做了最后指示，叫他把重点放在瓦胡岛。

为了安全，喜多分配给吉川一间单独的房间，他可以在那儿秘密工作。在他安顿下来之后不久，喜多向他详细地布置了任务，全面介绍了瓦胡岛的情况，并强调了瓦胡岛特殊的地方，以引起吉川的注意。

在紧连着喜多房间的奥田的办公室内，给了吉川一张写字台，他的表面工作是负责处理双重国籍的日本人的事务。

待这些都安置好以后，吉川开始了沿瓦胡岛的观光旅行。在旅行中，他仔细观察地形，并用敏锐的目光关注军事设施和飞机场。

在沿珍珠港考察时，吉川雇用了一个出租汽车司机约翰·三上世茂。此人60多岁，虽然受教育不多，却把海军事务当成一种业余爱好，并获得了广泛的虽有些肤浅的知识。到1941年，三上世茂基本上成了日本总领事馆的一名馆员。在吉川进行的一系列间谍活动中，三上世茂对他的帮助很大。

受吉川支配的还有一辆1937年产的福特车及车主琴城户，他也成为吉川十分信赖的助手。

到达瓦胡岛后仅仅一周，吉川就已经访问了珍珠港全域。开始时，奥田偶尔也和吉川一起去，但当吉川对情况比较熟悉之后，奥田便安心地退出了。

为了更好地掩护吉川的间谍行动，喜多给了吉川领事馆一等秘书的头衔。不久，喜多又将吉川介绍到一座日本式的茶馆——春潮楼。这地方使吉川着迷，因为老板娘和他是同县人，那里的艺妓使他想起了故乡。更重要的是，茶馆坐落在阿莱瓦高地，有一间二层楼上的房间，从那儿可以看到珍珠港和希卡姆机场。虽然用肉眼观测距离太远，但吉川在那里架设了一部高倍率望远镜，利用它可以将珍珠港和希卡姆机场的情况尽收眼底。

到1941年4月底，吉川已找到了许多间谍活动的地点。从爱伊阿高地上的一个地点，他能够很好地观察珍珠港，而对潜艇基地最好的观测点，是在爱伊阿和马卡拉帕之间的卡米哈米哈高速公路上。

吉川有时会穿上农业工人的制服，乘坐一辆小公共汽车去火奴鲁鲁，在爱伊阿下车后在周围闲逛，趁无人注意的时候溜进附近的甘蔗地。那片甘蔗地是一个最好的观察点，吉川藏在那里最少观察过10次。后来，他担心到那里去得太多，引起别人的怀疑，就取消了那个观察点。

三上世茂和琴城户还经常开车送吉川去海军基地西北的珍珠城。在这个半岛顶端的一个码头上，吉川能够清楚地看到珍珠港和福特岛以及岛上的简易机场。他观察到，战列舰成对地抛锚，因而朝向岸的战舰实际上受不到鱼雷攻击。尽管这个地点非常宝贵，但吉川却不敢冒每周去多于两次或三次的危险，他每次去都要换上不同的衣服。

吉川用日本人特有的细微精神，认真观察美军舰艇和飞机的所有行动。他发现，每到星期六和星期日，总有一大批美国军舰停在港内。为侦察飞机巡逻的情况，他很早就离开领事馆去一些有利的地点，在那里观察飞机架数、它们通常的飞行方向、出发和返回时间等。他知道这是一种原始的方法，但也是他能用的唯一方法。他不敢使用双筒望远镜，那会引起别人对他的注意。通过对巡逻飞行进行仔细观察，他发现了一个重要规律——对于瓦胡岛的北方，美国人全然不派出巡逻飞机。

吉川将侦察到的情报，一一绘制了要图，并不断将一些情报通过密码电报发向日本情报部门。

尽管吉川等人向日本海军情报部门提供了不少情报，但距离达到保证珍珠港作战必胜的要求仍然相差很远，日本人感到对珍珠港情况的了解还太肤浅。随着预定开战日期的临近，日本决定加强对珍珠港的侦察工作。恰恰在这时，美国人将原来紧闭着的大门打开了一道门缝，使东京的间谍得以把脚伸进去，跨过了门槛。

1941年仲夏，美国决定对日本实施资产冻结，终止了日本商船在日本与美国之间的航运。8月初，东京就恢复通航问题开始与华盛顿谈判，日本海军军令部敦促外务省就此事尽快与美国达成一项协议，因为它打算利用重新通航的船只进行间谍活动。经过几周的谈判，美国国务卿赫尔和日本谈判代表野村达成协议，允许3艘日本客轮从日本到美国航行一次，但船上不能装载货物。

10月12日，美国和日本新闻界同时发布3艘日本邮船会社的客轮离日抵美的时刻表："龙田丸"10月15日由横滨港启航，绕道火奴鲁鲁，10月30日抵达旧金山；"冰川丸"10月20日由横滨港启航，11月1日抵西雅图；"大洋丸"10月22日由横滨港启航，11月1日抵火奴鲁鲁。

美国人之所以同意这个"航运协议"，是希望它有助于缓和存在于

◆ "冰川丸"客轮。

◆ "龙田丸"客轮。

◆ "大洋丸"客轮。

两国之间的紧张局势。东京的间谍却抓住这一时机乘船过海，对袭击珍珠港将要经过的航线及夏威夷的情况进行秘密侦察。日本海军领导人希望利用这个天赐良机，派遣经验丰富的海军军官，亲自沿着未来进攻夏威夷的航线航行，并到达珍珠港进行实地考察，以弄清各种情况，包括一些技术细节。

为此，日本海军军令部挑选出具有良好履历和专业知识的军官，组成了一个特工小组。

◆ 前岛寿英中校。

前岛寿英海军中校是这一特工小组中资格最老的人。此人是潜水艇专家，充满自信，头脑敏锐，并且训练有素，观察细微。日本海军军令部对前岛寿英十分信任，认定他能带回有实用价值的情报。早在数月前，前岛寿英就知道山本的计划，他深知这次特工活动的重要性，决心不负上司的信任和期望。

前岛的助手松尾敬宇海军中尉，是从第6舰队挑选出来的。松尾曾在微型潜艇上工作过。此次，他的任务是探明微型潜艇是否有潜入珍珠港的可能性。

特工小组的第三位成员是铃木英海军少校。他是一位飞行军官，源田的好友。此人又高又瘦，有一张精明的脸和敏锐灵活的大脑。此时，铃木英已在海军军令部情报部工作了13个月，专门研究美国空中力量，特别是航空母舰的战斗能力。在此次至关重要的间谍活动中，他扮演了最为重要的角色。

铃木英直至9月初才正式得知珍珠港计划，但参加了当月在东京举行的军事演习，并参加了在戒备森严的秘密会议室里举行的讨论会。铃木英在受领任务时，与他的上司共同研究了完成使命所要采取的策略。随后，铃木英又详尽研究了有关夏威夷和珍珠港的情况，用脑子记住了有关情况和数据。这样，他就不用做笔记，以免笔记落到别人手中。

◆ 铃木英少校。

在铃木英和他的同伴们积极进行出海准备时，10月15日，"龙田丸"从横滨港启航，这艘船上搭载了另外几名日本间谍。船长木村阪男是一位预备役海军军官，他的手下全是新船员。随船前往的还有一位海军军官，船上的人称他为"F少校"。他将在火奴鲁鲁与喜多接头，然后去旧金山搜集有关苏联、美国和其他国家沿北太平洋航线开往远东的商船的情报，他还负责搜集在西海岸能够搞到的有关美国海军的一切情报。此外，船上还有两位神秘的人物，一位是被称为监察员的前田国昭，另一位是被称呼为交通省代表的土屋贤一。他们的真实身份，是第三部美国课中岛凑海军少校和外务省信使。"龙田丸"上的这些特工人员，还肩负着另一个使命——与夏威夷建立预备通讯渠道，以防美国中止与日本的正常通讯或禁止使用密码电报。

在轮船即将启航之际，山口文次郎海军上校交给船长一个密封信封，吩咐他要仔细保管，把它交给日本驻火奴鲁鲁总领事。这封信要求喜多立即全力以赴地搜集有关驻珍珠港美国海军的情报，信中特别指示喜多立即着手准备一份详尽的地图，准确标明瓦胡岛上每个军事设施的规模、兵力及所在位置。并说，地图将由一位随后到达火奴鲁鲁的日本特工人员取走，此人还将和喜多商讨其他紧急重要事情。

"龙田丸"于10月23日10时左右在火奴鲁鲁靠岸。刚刚靠岸，喜多便来到船上，木村随即将那个神秘的信封交给了喜多。"龙田丸"在火奴鲁鲁仅停留一天，于10月24日启航开往旧金山。

此时在东京，铃木英、前岛寿英和松尾敬宇业已完成临行前的准备工作。在10月21日出发前最后一次军令部简况汇报会上，铃木拿到一份包括侦察详细内容的调查表，并受命不惜一切代价保护好它。他们三人的首要任务是，密切注视北太平洋航线上所有舰船的动向。因为，他们乘坐的"大洋丸"将沿着南云将来要走的航线做一次近似实战的试航。

铃木、前岛和松尾被告知，他们此行必须对中途岛以北的关键地区加

◆ 前岛寿英中校与铃木英少校联名写的"夏威夷方面的侦察报告"。

倍予以注意，因为如果"大洋丸"在那里发现了美国巡逻机，就说明那个区域不安全，那么将来第1航空舰队就不得不走更远的航线。他们需要注意的另一个重要地区，是瓦胡岛西北水域。在那里，他们必须查明是否有将来可能发现日本特遣舰队行踪的美国飞机和舰船。此外，还需要船只经过海域的气象和海面情况，记录下瓦胡岛周围海域各种舰只的运行情况。

铃木和前岛的名字未出现在旅客名单上，铃木的身份是轮船事务长助理；前岛是一名船医，为了防备万一，他还学习了一些最基本的医学知识。松尾则混在旅客中间。

10月22日，"大洋丸"由横滨启航，同"龙田丸"一样，这艘船严格坚持无线电静默。在整个航行期间，铃木、前岛和松尾滞留在甲板上，踱来踱去，观看着汹涌的波涛，不时用高倍望远镜了望远处的地平线，一天数次核对气象情况和计算出已完成的航程。铃木每天都要写出一份有关风速、风向、能见度、船只摇摆颠簸度以及海面情况的报告。夜里，3名特工人员轮流进行着这一令人疲倦的观察，并且要特别注意是否有船的灯光。尽管这项工作单调乏味，但因这样做对袭击珍珠港的成败有着举足轻重的作用，因此，他们从不忽略哪怕是一点细微之处。

当"大洋丸"改变航向，从北边向瓦胡岛驶去时，海面更平静了，天气更暖和了，但铃木等人却更紧张了。

11月1日黎明前，"大洋丸"驶到瓦胡岛以北约200英里的海区，在这里，他们发现一架美国巡逻机在飞行。这是"大洋丸"在整个航行期间第一次发现美国巡逻机。铃木在观察记录中写道："侦察线——200英里。"

轮船以14节的航速前进。当航行至瓦胡岛以北约100英里处时,铃木看到了一个美国飞机编队,并且该编队对"大洋丸"实施了佯攻,但只是摆摆样子。于是,铃木又草草记录道:"攻击线——100英里。"

不久,港口隐约可见。港口的后面是绿色的群山,被白蒙蒙的雾气和晨霜笼罩着,景色颇为壮观。现在,铃木和他的伙伴们可以把观察结果一一填在表上了。他们先前未曾预料到,航行中除了遇上一场短短的暴风雨外,天气竟然是如此之好。虽然他们所经过的航线海洋条件复杂多变,但并非不可对付。他们未在中途岛以北发现任何巡逻机,美军在瓦胡岛以北的侦察范围也似乎不超过200英里。最重要的是,铃木和同伴们在整个旅途中没见到一艘船,这一发现使铃木对未来袭击充满了希望和信心。

"大洋丸"于11月1日星期六上午8时30分驶进火奴鲁鲁港,这个时间选择得妙不可言。当轮船缓缓放下锚链时,铃木和前岛正手持望远镜站在驾驶台上观察瓦胡岛四周清晨的情形。这个绝妙的时刻与将来实施袭击的时间几乎相同。他们在周末进港,正好也可以观察星期日的整个情况,未来袭击的日子就是定在星期日。然而,这一切并非出于巧合,而是军令部精心安排好的。

铃木和前岛决定不在船上做任何记录,以免给美国当局突然检查"大洋丸"时找到借口。他们还决定不上岸,在船长室与舷门之间拉上直线电话,这样,他们在同喜多或领事馆其他人接头时,如果有陌生人或可疑的人上船,驻守舷门的船员会及时提醒他们。

喜多在"大洋丸"靠岸的第一天就上了船。在"大洋丸"停泊的四天多期间，他一共到船上去了四次，每次都带着两位领事馆成员，他们把情报送上船，或从船上取走情报。

铃木对喜多透露了自己的真实身份，但没有告诉领事馆其他人。领事馆每天派人上船送报纸，报纸卷内藏有备忘录和写有军事情报的小纸条。这些报纸当然要经过美国保安警卫的检查，但那些保安的警惕性很低，手持报纸的领事馆工作人员主动翻动报纸，警卫马上就点头放行了。铃木、前岛和松尾接到报纸卷后，马上从中找出备忘录，然后继续他们的工作。有时铃木还爬上驾驶台，核对刚刚拿到的情报。

铃木等人在第一次与喜多见面时，就告诉他说，日本需要关于驻扎在珍珠港、瓦胡岛及夏威夷群岛其他地方的美国军队的所有情报。铃木说情报部门特别感兴趣的是：美国舰队的准确兵力、部署情况、对抗演习训练及周末习惯；夏威夷美国空军的具体实力及所属军事设施的准确位置；美国太平洋舰队在珍珠港附近水域抵御潜艇袭击的能力；袭击珍珠港时能最有效地使用日军大型和微型潜艇的途径等。

在第一次见面时，铃木把约有100个项目的问题表交给了喜多。喜多回到领事馆后，马上交由吉川填写。表上包括了军令部所有感兴趣的问题。

喜多给吉川下达了严格的指示，要求他把答案写得越短小越好。因为喜多准备派人将答案偷偷送回"大洋丸"，他不希望它体积过大，以免引起美国人的注意。

吉川为完成这份报告日夜兼程，从已搜集到的情报中选其精华。为进一步核对有关情况，吉川还让三上世茂开车带他到珍珠港地区转了一圈儿，再次观察了美国太平洋舰队及其锚地的现状。吉川还绘制了许多大幅地图，其中的一张准确标明了舰队在珍珠港的部署，另外一张则标明了美国空中力量在瓦胡岛上的部署。吉川不仅标明了所有的机场和备用机场，甚至连高尔夫球场也明确地标示了出来，因为他认为在机场被摧毁的情况下，美国人有可能使用球场作为紧急着陆点。

经过吉川的努力，涉及100个情报内容的答案终于整理出来了。火奴鲁鲁领事馆人员现在又遇到了难题，怎么能够把吉川冗长的报告和附加地图带过"大洋丸"的跳板而不被美国人发现呢？但是，由于美国人的麻痹大意，日本间谍们轻而易举地就做到了。

当铃木在为美国舰队及其空中力量大伤脑筋时，前岛和松尾则把注意力主要集中在潜艇问题上。他们试图解决的重要问题之一是：夏威夷群岛中哪座岛屿可以提供相对安全的场所，使日本大型潜艇可以发射和收回艇载飞机以及在袭击后接回微型潜艇人员和飞行员。他们最后发现尼华岛最理想。该岛属于私有，而且人口稀少，位于考爱岛西南几英里开外。

他们研究的第二个问题是：在珍珠港入口处外和锚地里的日本潜艇上的人员将面临什么困难？对于这个问题，前岛和松尾都不能予以肯定的回答，因为这将在很大程度上取决于袭击时美国巡逻艇的情况，另外，潜艇艇长的能力和机遇也是不可忽视的。

尽管如此，他们还是得出几个结论：第一，潜艇在珍珠港外行动时不可能看到港内金梅尔的军舰；第二，白天，潜艇露出水面，可以在七八英里外辨认出通向锚地的狭窄航道入口；第三，如果用潜望镜观看，必须在靠近珍珠港二三英里处才能较清楚地看到入口；第四，夜间进港，需要借助航道入口周围或附近的航海定位界标进行定位。

11月5日傍晚，"大洋丸"驶离码头。通常，日本国的轮船都是在热烈的节假日气氛中离港，但这次启航，船上既没有飘动的彩色飘带，也没有挥手告别的欢乐人群。对此，铃木、前岛和松尾毫无怨言，因为他们带上了极有价值的敌人情报返航归国。

一艘美国海岸警卫艇尾随"大洋丸"驶向大海，美国人严密监视着这艘船离开夏威夷。但美国人并不知道，在这艘日本船上，装载着珍珠港美军的所有秘密。

随着"大洋丸"的离去，夏威夷同日本的直接联系被切断了。

五

奔向珍珠港

BEN XIANG ZHEN ZHU GANG

　　进入1941年11月，日美之间的紧张气氛越来越强烈。几乎所有的日本人都明显觉察到，一触即发的战争乌云已经笼罩在太平洋上空。

进入1941年11月，日美之间的紧张气氛越来越强烈。几乎所有的日本人都明显觉察到，一触即发的战争乌云已经笼罩在太平洋上空。

然而，此时日本的报纸却每天大量报道官方放出的和平消息，说什么日本政府绝不放弃最后一线和平希望，决心继续尽最大努力，调整日美关系。

其实，这些宣传报道只不过是日本战争指导者愚弄人民的伎俩，他们企图使日本人民相信，一切都是美国不对；日本即使投入战争，也是迫不得已的自卫战争，是为了从美英的压迫下"解放"东亚各民族，是为奠定世界和平基础而进行的"圣战"。同时，日本的宣传也是为了迷惑美国。

1941年11月3日，经过反反复复的争论，在山本的一再坚持之下，袭击珍珠港的作战计划终于得到批准。

1941年11月5日，日本大本营海军部制订了海军对美英荷作战计划，同时还发布了命令联合舰队开始作战准备的《大本营海军部第一号命令》。

根据海军部的指示，山本五十六立即命令联合舰队各部队进行作战准备，并向南云海军中将率领的空袭珍珠港的机动部队下达了命令：

"机动部队务必极为隐蔽地于11月22日前在单冠湾集结，并加油完毕。"

11月10日，在九州各航空基地从事训练的机动部队各飞行队全部返回各自航空母舰后，第1航空舰队所属的"赤城"号、"加贺"号、"苍龙"号、"飞龙"号、"翔鹤"号和"瑞鹤"号共6艘航空母舰，以山本五十六直接统率的战列舰部队为假设敌，连续进行了三次空袭珍珠港的近似实战演习。

11月15日前后，参加袭击珍珠港的机动部队舰只，以不同的航线，各自从所在地点悄悄出发，一艘、两艘地驶往单冠湾。为了防备美国潜艇进行监视，舰艇出发时，特别注意采取了防潜警戒措施。

舰只一旦被美国人发现或跟踪，整个偷袭计划就会落空。要确保由30多艘舰船编成的庞大舰队在单冠湾集中而不被美国人发现，需要特别注意航路的选择，使航线远离商船航道。根据联合舰队的统一指挥，参加偷袭的船只有的绕道太平洋，有的取道日本海前往单冠湾。各舰船以及舰载机的收发报机一律加了铅封，实施了严格的无线电封闭。

11月16日，参加袭击珍珠港的日本机动部队的旗舰"赤城"号由2艘驱逐舰护航，从佐伯湾出发，绕道日本南方诸岛，迂回太平洋，然后一路北上，驶往单冠湾。

在"赤城"号从佐伯湾出发的时候，山本五十六从停在佐伯湾的联合舰队旗舰"长门"号来为"赤城"号送行，接见了第1航空舰队的首脑、舰长和飞行队长，并作了训示。他说：

"我们这次行动，目的在于当万一不得不对美国开战的时候，就劈头攻击停在珍珠港内的美国太平洋舰队的主力。所以，这次作战的成败，将决定我们今后整个作战的命运。我们固然排除了一切困难，制订了着眼于出敌不意的作战计划，但是，美国太平洋舰队司令金梅尔上将是一位有远见卓识的海军将领，他极为仔细、谨慎。因此，不难想象，为了对付可能发生的一切事态，他们采取了周密的警戒措施。诸位要充分预计到有可能实施强攻，绝不能粗心大意。你等必须对如果袭击不能出敌不意该怎么办加以考虑。你们可能将不得不杀出一条血路，才能接近目标。武士道精神，就是要选择势均力敌或本领更强的对手。在这点上，你们无可抱怨，美国相对日本而言，旗鼓相当。"

山本在说这番话时，脸上显现出少见的悲壮神色。他在当年日本海军荣获大胜的日本海海战中，曾是少尉候补生，而如今作为海军部队最高指挥官，将在辽阔的太平洋上同美国决一雌雄。但是，他心里很清楚，现在的情况与过去完全不同了，即使袭击珍珠港成功，也未必能决定整个太平洋战局。但这次作战如果失败，日本海军将把老本输光。面对如此漆黑的前景，他的心情自然不会轻松。

讲完话，山本与所有的与会者来到餐厅举行壮行宴会。宴会气氛严肃

◆ 告别

◆ 起飞。

◆ 准备出击。

◆ 最后训示。

庄重，甚至有些沉闷。他们吃着象征幸福的干墨斗鱼和象征胜利的胡桃，
以天皇的名义为即将到来的战斗干杯。

在举杯祝愿时，山本说："我期待此次行动马到成功。"一般来讲，
在一次战斗即将开始之际，日本将军总是说"希望"，而山本用的是"期
待"两字。所以，与会者对此印象极为深刻，他们理解，这里面包含着
"只许成功，不许失败"的含义。

宴会后不久，南云率领其参谋来到旗舰"长门"号，做礼节性回拜。
全体在场人员再次举杯，预祝未来冒险行动成功。

席间，草鹿对宇垣说："或许我有些迟钝，但我并不认为我们将要干

◆ 出发。

的是什么惊天动地的大事，尽管人人都说它异乎寻常。"宇垣说："你能这样认为非常不简单。"后来宇垣在日记中富有哲理地写道："如果我们尽力而为，将肯定能得到上天的赐福；即使我们死去了，也将无可抱怨。无论是成功还是死亡，我们都是为了同一个目标而战。这样想，我们就可以心平气和地听从命运的安排。"

入夜，机动部队旗舰"赤城"号起锚。这艘巨舰实行了灯火管制，在夜幕下悄悄地由丰后水道南下。11月21日，在驱逐舰引导下，"赤城"号驶入了单冠湾。

◆ 机动作战部队向单冠湾集结。

◆ 机动部队1941年11月22日在择捉岛的单冠湾集结，第二天（23日）接到"奇袭夏威夷方面美舰队"的一号命令。图为集结在单冠湾的航母"赤城"号、战舰"比睿"号和"露岛"号。

11月22日，"加贺"号最后进入单冠湾。至此，整个机动部队集结完毕。

单冠湾位于择捉岛的中部南岸，这里有两个小渔港，内港叫天宁港，外港叫年萌港，它们几乎不为人们所注意。就在这个偏僻的单冠湾，使岛民深为震惊的事情发生了——一支岛上居民从未见过的庞大舰队开进了港湾。

总共将近40艘军舰一股脑儿拥入港湾，其中还有岛上居民只听说过而未曾见过的战列舰和航空母舰。如此规模的舰队进港，岛民怎能不震惊呢。使岛民尤为惊异的是，舰队一进港，就切断了择捉岛同岛外的一切联系。全岛如同装在闷葫芦里一般，不仅断绝了交通，通信联系也断绝了。

择捉岛是个不能自给自足的小岛，它要靠班船运来粮食，现在这些船也不能来了，而是由海军派出专门的补给船，给岛民运来粮食和其他生活必需品。日本当局规定，机动部队从这里出发后，这些补给船仍将继续留在单冠湾，与岛民一样不能与外界通信，直到12月8日日本当局宣布开战时才可以与外界联系。

为保守偷袭珍珠港这一机密中的机密，日军将珍珠港作战计划与一般作战计划单独分开，只通知执行任务的部队，而且在执行任务的部队中，直到机动部队从单冠湾出发时，也只有一小部分上层人员知道，其他人一概不知道详情。

机动部队从单冠湾出发时，用不着的私人物品既不准带在舰上，也不准直接寄回家里，要由所在军港的舰船仓库保管到开战的那一天。对私人信件也做同样处理，写给父母、妻子和子女的所有私人信件，一律进行检查，而且要扣押到开战那一天才发出。有的新婚丈夫每天给自己的妻子写两封信，朝朝暮暮盼望丈夫家信的妻子却望穿秋水也收不到一封。

"加贺"号进港后的第二天，即11月23日，在机动部队的旗舰"赤城"号上，召开了两个会议。一个是机动部队各舰主官作战联席会议，另一个是机动部队全体飞行军官作战联席会议。

各舰主官作战联席会议主要研究舰队在海上的行动，从各个方面进行了全面磋商。会议关注的焦点，是能否在到达目的地以前不让美方发现日本机动部队的行踪。太平洋虽然辽阔，但要使这支具有30多艘舰船的庞大舰队在航程中保持绝对秘密，是非常困难的。如果一不当心进入了美国人的巡逻圈，袭击作战就会全盘垮台。况且，此时美国也已经感到日美关系濒临危机，加强了戒备。这次会议从早晨一直开到深夜，进行了缜密研究。

飞行军官作战联席会议专门研究了攻击计划，这个会议主要研究飞机对珍珠港实施攻击的行动，关注的焦点是如何进行协同配合和发挥出最大的攻击效果。会议几乎开了一整夜。

这两个会议，对袭击珍珠港作战的一些关键问题作了进一步明确，并进行了更细致的研究。

1. 航行路线的选定

由日本本土出发攻击夏威夷，通常有3条航路可以考虑。其一是，由阿留申群岛南下的北方航路；其二是，商船航道的中央航路；其三是，经过马绍尔群岛，从西南方向接近的南方航路。三条航路各有利弊。

先看一下北方航路。这条航路远离美国岸基飞机的巡逻圈，同商船相遇的可能性也很小，便于保守袭击珍珠港的意图，但舰队经过的海区浪大雾多，海上加油和舰队航行将非常困难。

中央航路和南方航路则与此完全相反：海面平稳，海上加油和航行也比较容易。特别是如果从马绍尔群岛出击，除了续航力较小的驱逐舰外，其余军舰无需在海上加油。但是，这条航路靠近威克岛、中途岛、帕尔米拉岛和约翰斯顿岛各海域，等于穿过美军巡逻圈，所以，不被美国巡逻机发现是不大可能的。

对于究竟是取北方航路还是取南方航路，与会人员进行了激烈的争论。最后，多数人认为，北方航路虽然航行和加油困难，但通过机动部队本身的努力，总是可以克服的。而如果走中央航路或南方航路，无论怎样努力也很难达成奇袭，一旦被对方察觉，整个作战就将告吹。因此，最后决定取奇袭成功把握较大的北方航路。

2. 海上加油

首先，对大型军舰海上拖拽加油法、各舰提高续航力等问题进行了研究，并分析了目前准备的情况。通过研究认为，当走北方航路时，除了"加贺"号、"瑞鹤"号、"翔鹤"号3艘航空母舰，"比睿"号、"雾岛"号2艘战列舰，以及"利根"号、"筑摩"号2艘重巡洋舰外，机动部队的其余舰只都需要在海上加油。在此之前，已经对油船的拖拽加油装置进行了紧急改装，并抓紧利用风浪天气进行了海上加油训练。

另一方面，为了提高续航力，舰内所有空地包括通道都堆满了装满柴油的油桶。柴油桶在舰内堆积如山。为了节省每一滴柴油，规定了严格的用油制度，照明灯数减少了，淡水不得浪费，舰员不得洗澡。这样，万一风浪很大，不能在海上加油时，各舰可以在进行空袭之后保持返航一半航程的续航力（航至东经160度一线）。另外还考虑到如果遇到异常恶劣的风浪天气，为了安全，不得不把油桶扔到海里的时候，至少可以保证部队行驶到脱离美军作战飞机活动半径的范围。

万一风浪天气连续不断，确实无法在海上加油时，准备让警戒部队中途返航，由机动部队单独冲锋陷阵。总之，舰队只要到达飞机起飞地点，就可以向珍珠港发动攻击。设法把飞机平安无事地运到起飞地点，这就是机动部队压倒一切的任务。

3. 舰载飞机起飞地点

飞机从航空母舰起飞的地点离珍珠港越近越好。虽然离珍珠港越近越容易被敌人发现，但离得太远的话，飞行时间长，会增加飞行员的疲劳，影响鱼雷攻击和轰炸的命中率，而且在完成攻击后返航也比较困难。特别是缺乏海上飞行经验的战斗机，在飞行距离长的情况下要单独返航将极为困难。另外，如果需要对珍珠港进行反复攻击，还必须考虑到缩短路途上的飞行时间。从各种角度权衡考虑，最后决定起飞地点在瓦胡岛以北200海里。飞行队以每小时230公里的速度飞行，从飞机起飞后在上空集合到飞抵目标，大约需要2小时。

4. 起飞时间

由于第5航空战队编入机动部队，实施拂晓攻击有了困难，便把拂晓攻击改成白天攻击，即在日出前1小时从航空母舰起飞。12月上旬，檀香山日出时间大约是7时（东京时间2时30分），因此将起飞时间预定为X日

（X日即为实施攻击的开战日，当时还未确定具体日期）的6时整（东京时间1时30分）。

5. 攻击目标

从空袭珍珠港的作战目的来说，主要攻击目标自然是美国太平洋舰队的主力，即航空母舰和战列舰。当时，日本海军准确地知道，美国在夏威夷方面有"列克星敦"号、"约克城"号、"大黄蜂"号和"企业"号4艘航空母舰。还得到情报说，"萨拉托加"号航空母舰正在美国西海岸圣地亚哥军港修理，估计一个月后竣工。至于战列舰，据信，在夏威夷方面有8艘，即"西弗吉尼亚"号、"马里兰"号、"加利福尼亚"号、"田纳西"号、"亚利桑那"号、"宾夕法尼亚"号、"内华达"号和"俄克拉荷马"号。以上4艘航空母舰和8艘战列舰被列为主要攻击目标。

为了从空中准确识别美国舰艇，日军机动部队的飞行员事先不厌其烦地进行了不计其数的训练。各飞行队都备有美国各种军舰模型，飞行员利用训练间隙，从纵横面、自上而下以及斜角进行反反复复的观察。譬如，哪一艘军舰有几个烟囱，舰桥在左舷还是右舷，是笼式桅还是三角桅等，飞行员甚至连做梦也在琢磨。他们对本国舰船的识别能力很差，但识别美国舰船，特别是航空母舰和战列舰，则万无一失。

有一段小小的插曲很能说明问题。日本的"瑞鹤"号和"翔鹤"号这两艘航空母舰外形很相似，简直无法区别。在一次演习时，一位飞行员误把"翔鹤"号当成了"瑞鹤"号，直到降落后才知道弄错了。那个飞行员说："要是美国航空母舰，准不会弄错哩！"惹得大伙哄堂大笑。

日本人的目标是干掉美军的12艘主力舰，或者至少干掉其中一半，以使美国太平洋舰队一年左右，至少是半年左右无法行动。这绝不是一件轻而易举的事。如果美国舰队是在海上航行，或停泊在很深的海域，可以一举把美舰击沉，使它埋葬于海底藻丛之中。但现在的问题是，美军舰队停在修理设备完备的军港里。那里水深只有10米。如果美舰吃水7米，只要下沉3米就接触海底，不会再往下沉了。被炸的美舰"下沉到海底"后，如果倾斜不厉害的话，甚至舱面甲板有可能沾不到海水，用不着费多大劲就可以打捞上来。如果不将美舰彻底炸毁，这些舰艇很快便可以修复出海，所以，必须把美舰彻底炸毁才行。

根据机动部队可用于进攻的飞机的数量，究竟同时攻击几艘美舰合适呢？这必须根据可能达到的攻击效果决定。

首先看鱼雷攻击。鱼雷机队一共是40架飞机，使用的鱼雷重800公斤，其中炸药量约200公斤。要使战列舰或航空母舰这样的大型军舰受到致命打击，至少需要3条鱼雷命中，以便破坏它的水下部分，使它倾覆。40架鱼雷机对在泊美舰实施超浅海区鱼雷攻击，究竟能有多大命中率呢？考虑到有一些鱼雷机可能被美军的高射炮火击落，有一些鱼雷机在攻击过程中可能会受到美军飞机或地面高射炮火的干扰，最多只能达到60%的命中率，即命中24条鱼雷（每架鱼雷机只能携带1条鱼雷）。以一艘舰需要命中3条鱼雷计算，如果目标分配得当，可以击沉8艘。鱼雷机队的40架飞机共分为8个中队，其中，六机编队的中队4个，四机编队的中队4个。每个中队选定一个攻击目标就可以了。鱼雷机队就这样安排了对4艘航空母舰和4艘战列舰的攻击。

其次是判断水平（高空）轰炸的效果。水平轰炸机队共计50架飞机，以五机编队编成10个中队。投弹高度确定为3000米的中等高度。水平轰炸效率比较低，轰炸程序死板，预计水平轰炸机队会受到相当损失。实施水平轰炸时，进入轰炸航向后，犹如辕马上套，驾驶人员绝不能东张西望。五机编队各机之间要保持一定距离，以等高度和等航速组成严整的队形。向导轰炸机的驾驶员需要有高超的技巧，及时修正航向，不能有一丝之差。编队由向导轰炸机的投弹瞄准手引导，稳当地接近目标，一起投弹（当时的投弹装置还不是电动的）。后续轰炸机必须在向导轰炸机投弹的一刹那，拉动投弹索。这要有硬功夫才行。

比如，第二架和第三架轰炸机的投弹时间不得迟于向导轰炸机投弹时间的0.05秒，而第四架和第五架则不得迟于0.10秒，只有这样才能使炸弹的落点覆盖目标，保证大致可以有1颗炸弹命中。按这种方法计算，以五机编队为一个攻击单位时，5颗炸弹中有1颗命中。考虑到有的中队不一定能捕捉到目标，因此大致上只能保持80%的捕捉率，即只有8个中队能够命中目标，每个中队1颗炸弹命中，一共8颗炸弹命中。

水平轰炸是使用800公斤穿甲炸弹，所以，一旦命中，效果很大。这种炸弹装有延迟时间为0.2秒的延期引信，能够穿透战列舰的装甲，使炸弹在舰内爆炸。因此，即使炸药量不太大，但一旦在弹药舱附近爆炸，就会引起大爆炸，那就真的把敌舰"轰沉"了。但是，并不是每枚穿甲弹都能引爆敌舰的弹药舱（袭击珍珠港时，只有"亚利桑那"号战列舰的弹药

◆ 烈焰中的"亚利桑那"号战列舰。

◆ "亚利桑那"号沉入珍珠港水底的瞬间。

舱被1颗穿甲炸弹命中，引起了弹药舱爆炸），因此，要使1艘战列舰受到致命打击，大体需要命中2颗800公斤炸弹。这就是说，水平轰炸机队可以搞掉4艘美国战列舰。

按照这种计算方法，如果一切顺利，只需40架飞机的鱼雷机队和50架飞机的水平轰炸机队，就可以给予美国太平洋舰队的主力——12艘大型军舰以致命打击。

不过，在实际战斗中，目标的分配和转移往往不可能都像事前安排的那样得以实现。

参加轰炸的还有俯冲轰炸机队。由于要实施俯冲攻击，所以俯冲轰炸机不能携带重磅炸弹，每架只能携带1颗250公斤普通炸弹。空袭珍珠港时，俯冲轰炸机将从4000米高度开始俯冲，为了获得较高的命中率，当高度达到大约400米时开始投弹。这样，可以把命中率提高到80%以上。但是，俯冲轰炸机最容易被击落，如果将这一因素考虑进去，预计可能有50%的炸弹击中目标。俯冲轰炸机队一共有78架飞机，取其半数，大约有40颗命中弹。

不过，俯冲轰炸机携带的250公斤普通炸弹，不能穿透战列舰的装甲，即使命中，也无非擦伤而已。但如果用它轰炸航空母舰，效果则就不同了。

航空母舰结构单薄，俯冲轰炸可以给予其致命打击。因此，俯冲轰炸机将全力以赴对付航空母舰。如果兵力有余，或者美军的航空母舰不在港内，就将按巡洋舰、战列舰的次序，选择攻击目标。如果战列舰在遭到鱼雷攻击后倾覆，没有装甲的水下部分露出水面，这时再用俯冲轰炸就能把敌舰彻底炸毁，使它无法修复。

通过周密计算和反复权衡，最后决定所有参加轰炸的飞机共组成两个攻击波，第一攻击波由鱼雷机队的40架飞机和水平轰炸机队的50架飞机组成，第二攻击波由俯冲轰炸机队的78架飞机组成，总共有168架飞机参加轰炸。这是对美国太平洋舰队主力实施攻击的基干兵力。

6. 夺取制空权

如果仅仅使用上述168架飞机，是很难完成作战任务的。为了充分发挥基干兵力的攻击能力，必须有效阻止美军战斗机的反击，确保战斗空域制空权的掌握。这一任务，由另外的182架作战飞机去完成。

根据日军掌握的情报，瓦胡岛上的美军航空基地情况如下：

在瓦胡岛，美国陆海军共有6个机场。海军有福特岛机场、卡内欧黑机场和巴尔伯兹角机场，陆军有惠勒机场、希卡姆机场和佩洛斯机场。它们都地处能够保卫珍珠港的位置。

　　福特岛机场包括水上和陆上两个机场。水上机场驻有大型水上飞机，其主要任务是实施远程巡逻；陆上机场主要是太平洋舰队所属航空母舰舰载机的常驻基地。

　　卡内欧黑机场也包括水上和陆上两个机场。水上机场驻有水上飞机；陆上机场正在施工，竣工后可配备战斗机队。

　　巴尔伯兹角机场是一个舰载机有时进行训练的作业基地，没有机库。

　　惠勒机场是一个大型陆军战斗机机场。

　　希卡姆机场是陆军重轰炸机大型机场。

　　佩洛斯机场过去是陆军飞机作业基地，有时用于训练，从9月后升格为战斗机基地。

　　为了确保制空权，决定使用俯冲轰炸机队，趁美军战斗机还未起飞之际，对机场进行轰炸，制空战斗机队负责扫荡并击落起飞的美军战斗机。争夺制空权的182架飞机也分为两个波次。

　　第一波的俯冲轰炸机队共50架飞机分为3个攻击队，将同时攻击驻有战斗机的惠勒机场、福特岛机场和驻有重轰炸机的希卡姆机场，并速即予以火力压制，以防止美机进行反击。福特岛机场和希卡姆机场离珍珠港很近，要求在攻击这两个机场时，不要让硝烟妨碍其他部队对珍珠港内舰船的攻击。

　　为了进一步扩大战果，第二波的水平轰炸机队共54架飞机也分为3个攻击队，继续对希卡姆机场、福特岛机场和卡内欧黑机场进行轰炸。这些水平轰炸机主要携带250公斤和60公斤炸弹。

　　为对付美军伺机起飞的战斗机，制空战斗机队也分为两个波次。第一波制空战斗机队由43架战斗机组成，第二波由35架战斗机组成。制空战斗机队将首先歼灭起飞的敌机，确保制空权，然后对各机场进行扫射。

以上是参加这次空袭的总共350架飞机所分配的攻击目标。为了保卫机动部队本身，每艘航空母舰将留下三分之一的战斗机在舰队上空巡逻，进行掩护。

7. 搜索和警戒

在作战中先发现敌人，能取得主动权，获取先机之利，在珍珠港作战中，这一点显得尤其重要。如果美国舰队察觉日方意图并前来堵击，而日方搜索机先行发现敌人的话，就有可能在海上一举歼灭美国舰队。因此，在研究讨论中特别强调了搜索和警戒。

"伊－19"号、"伊－21"号和"伊－23"号3艘潜艇，将在机动部队航路前方大约200海里的地方进行搜索和巡逻。另外，第3战列舰战队（"比睿"号和"雾岛"号）和第8巡洋舰战队（"利根"号和"筑摩"号）搭载的共4架95式水上侦察机，将在机动部队周围大约160海里范围内，实施搜索和警戒。

作战中一个最重要的问题，是对珍珠港的预先侦察。袭击珍珠港如果扑空，就将前功尽弃。平时，美国太平洋舰队频繁出入珍珠港，在港内停泊的情况是很少的。况且，日美间似乎已经剑拔弩张，美舰会出现什么变化，极难预料。因此，至少应该在攻击前一天对珍珠港实施侦察，以便掌握最近的情况。可是，即使是秘密侦察，只要飞机一飞，肯定会被美国人发现，引起戒备，这样就不能保证奇袭成功。因此，原则上不能用飞机进行事先侦察，而只能使用潜艇进行侦察。但是，使用潜艇进行秘密侦察也很不容易，潜艇要想直接潜入珍珠港极其困难，主要是在港口外对珍珠港舰船出入情况进行监视。

会议最后决定，如果到奇袭的前两天仍然搞不清楚珍珠港内的舰船情况，非进行事先侦察不可的话，第8巡洋舰战队（"利根"号和"筑摩"号）将于X日前两天深夜离开机动部队，向珍珠港方向前进，由2架零式水上侦察机进行秘密侦察。

另外，作战计划还规定，在攻击队飞抵珍珠港前45分钟，也由第8巡洋舰战队派2架水上侦察机，到珍珠港以南海面实施侦察。但是，开会时有人提出，这样做会使美国人过早察觉日方企图，于是把45分钟改为30分钟，即侦察机于X日5时30分（东京时间1时）起飞，大体上可以比攻击队早30分钟到达珍珠港上空，然后立即把侦察报告通报给攻击部队。

经过精心研究和策划，日军袭击珍珠港的全部计划，就这样确定了。

以23日作战联席会议为契机，各舰分别向机动部队的舰员传达了空袭珍珠港的企图。

虽然经过了几个月的训练，但对于大多数日本舰员来说，却是首次知道自己的真正使命，奇袭珍珠港的消息使他们感到非常突然。一个时期以来，他们中的许多人已经预感到开战的日子为期不远了。他们原来预料，可能要到南方打仗；一些人也议论过空袭新加坡等地。可是，几乎没有人想到要袭击珍珠港。

作战联席会议的第二天，即24日，各飞行队长在所在的航空母舰上，分别按攻击计划向飞行员交代了作战任务。这天，各航空母舰参加袭击珍珠港的全体飞行人员，以飞行队为单位，轮流来到"赤城"号，参观瓦胡岛和珍珠港的沙盘模型。

总指挥官渊田海军中校站在模型旁边，讲解着地形和攻击要领。他用教鞭指点着对鱼雷机队的飞行员们说：

"鱼雷机队在这里接到攻击命令，就冲向山谷进入山坳，然后这样迂回过来，以50米高度通过工厂区的障碍物就到岸边了。这同在鹿儿岛湾时训练的要领一样。一飞到岸边，立刻把高度降到20米，然后马上投雷。

"这就是福特岛，目标可能并排靠在那里。要注意，这段距离只有500米。这里水深只有12米。就在这里实施我们苦练过的浅海鱼雷攻击。要特别留神，否则鱼雷会扎入海底。

"从先头中队开始，依次从右向左攻击。不要光挑好打的目标而过分集中在一个地方。一个中队攻击一艘军舰。"

从早到晚，连续讲解了20多次。从鱼雷机队、水平轰炸机队、俯冲轰炸机队到制空战斗机队，都对照沙盘，具体明确了各自的任务。到晚上，渊田海军中校讲得嗓音都有些发哑了。

后来，当飞机袭击珍珠港返航后，有一位飞行员谈到这次袭击的感受时，说："队长，真神了，瓦胡岛跟沙盘一模一样！"

11月25日，联合舰队司令官山本五十六海军上将，从广岛湾的联合舰队旗舰"长门"号战列舰上，向空袭珍珠港的机动部队指挥官南云忠一海军中将发出绝密作战命令："机动部队务必于11月26日自单冠湾出发，竭力保持行动隐蔽，12月3日傍晚进入待机海域并加油完毕。"

11月26日6时，密云低垂，朔风怒吼，机动部队的31艘军舰开始起锚，由3艘潜艇在前引导，悄悄地消失在波涛汹涌的北太平洋上。

没有欢送的人群，没有喧闹的场面，只有在单冠湾外面监视敌潜艇的一艘警戒舰发来的信号："祝一帆风顺！"其实，这艘警戒舰并不知道机动部队出发的真正目的，它发来信号只是例行的表示礼仪而已。

"谢谢。""赤城"号一边回答信号，一边悄悄地穿行而去。舰艉的海军旗迎着晨风，呼呼啦啦地飘扬。这面海军旗不久就要换成作战旗了，但眼下还只是引弓不发。

舰员们最后远望祖国海岸一眼，异口同声地高呼："万岁！万岁！"在铅灰色的北方的大海上，这个声音传向远方……

担负袭击珍珠港主要任务的第1航空舰队，是日本帝国海上武力的一个革命性和可怕的工具，其司令官绝不是普通的岗位。原来，人们预计会任命一位航空将军或至少是一位懂得海军航空的人担任这支舰队的指挥官，谁也没想到这个职务会落在一位海军中将身上，他就是南云忠一。在南云的从军经历中，没有任何与空军有关的事。

珍珠港攻击机群编成区分

◎总指挥官：渊田美津雄

◎攻击批次：分两个批次（第一攻击波、第二攻击波）；飞机350架

第一攻击波编队：飞机183架

水平轰炸机机群（攻击队×4）

　　所属航母：“赤城”号、“加贺”号、“苍龙”号、“飞龙”号

　　机种：97式舰载攻击机

　　机数：50

　　兵器/机：每机带1枚800公斤穿甲弹

　　攻击目标：战列舰

鱼雷机机群（攻击队×4）

　　所属航母：“赤城”号、“加贺”号、“苍龙”号、“飞龙”号

　　机种：97式舰载攻击机

　　机数：40

　　兵器/机：每机带1枚91式航空鱼雷

　　攻击目标：战列舰、巡洋舰

俯冲轰炸机机群（攻击队×2）

　　所属航母：“翔鹤”号、“瑞鹤”号

　　机种：99式舰载轰炸机

　　机数：50

兵器/机：每机带1枚250公斤陆用炸弹

攻击目标：福特岛海军航空基地、希卡姆陆军航空基地、惠勒陆军航空基地

制空战斗机机群（制空队×6）

所属航母："赤城"号、"加贺"号、"苍龙"号、"飞龙"号、"翔鹤"号、"瑞鹤"号

机种：零式舰载战斗机

机数：43

兵器/机：20毫米机枪×2；7.7毫米机枪×2

攻击目标：福特、希卡姆、惠勒、卡内欧黑、巴尔伯兹等航空基地

◎第二攻击波编队：飞机167架

水平轰炸机机群（攻击队×2）

所属航母："翔鹤"号、"瑞鹤"号

机种：97式舰载攻击机

机数：54

兵器/机：其中27架，每机带2枚250公斤陆用炸弹；另27架，每机带1枚250公斤陆用炸弹、1枚60公斤普通炸弹。

攻击目标：希卡姆、福特、卡内欧黑等航空基地

俯冲轰炸机机群（攻击队×4）

所属航母："赤城"号、"加贺"号、"苍龙"号、"飞龙"号

机种：99式舰载轰炸机

机数：78

兵器/机：每机带1枚250公斤普通炸弹

攻击目标：巡洋舰、战列舰、驱逐舰

制空战斗机机群（制空队×4）

所属航母："赤城"号、"加贺"号、"苍龙"号、"飞龙"号

机种：零式舰载战斗机

机数：35

兵器/机：20毫米机枪×2；7.7毫米机枪×2

攻击目标：福特、希卡姆、惠勒、卡内欧黑等航空基地

　　南云于1887年3月25日出生在本州北部的山形县。他曾在战列舰、巡洋舰和驱逐舰的不同岗位上服过役。20年代中期，他到欧洲和美国作过旅行。回日本后，他再次到了海上，继而去海军大学任教，在那儿他得到了令人羡慕的海军上校的晋升。然后又回到海上，先任轻型巡洋舰"那珂"号舰长，后任第11驱逐舰战队司令官。不久，调到海军军令部待了2年。1934年11月15日，他当上了战列舰"山城"号的舰长。一年之后，他晋升为海军少将，时年48岁。第二次世界大战爆发时，南云是第3战列舰战队司令官。1939年11月15日，南云得到了海军中将这个高级军衔。一年之后，他不得不再次上岸，任东京的海军大学校长。当任命他为第1航空舰队司令官的决定下来时，他仍在海军大学工作。

　　为了弥补南云航空专业上的弱点，海军部派草鹿龙之介海军少将当他的参谋长，这是一个非常巧妙的安排。草鹿虽说不是一位飞行员，但他有着一系列在航空兵中任职的良好履历，其中包括就任小型航空母舰"凤翔"

◆ 第1航空舰队司令官南云中一中将。

号和大型航空母舰"赤城"号的指挥职务。在即将到来的作战中,不仅他的知识弥补了南云在航空专业方面的缺陷,而且草鹿的平衡能力也减轻了困扰南云的许多问题:南云常常过多地看事情的阴暗面,而草鹿的乐观主义可以帮助南云摆脱不必要的烦恼。因此,草鹿成了南云不可缺少的臂膀。

南云把大石保海军中校拉来做自己的先任参谋,管理其他参谋,监督他们执行所有的命令和高效率地完成个人的职责。大石是一个很好的组织者,他办事情往往像钟表一样准时。他的一位同事回忆说:"大石原来是搞航海的。他一半保守,一半进步,没有特性。他不是飞行员,也不懂空中力量和它的用途,但他不固执,讲道理,尽自己最大努力去弄懂空战。"

源田在这个新组建的参谋群体中担任航空参谋,他对此感到十分高兴,因为这里没有传统的习惯势力来束缚他的风格。正如南云的机械工程参谋坂上五郎指出的那样:"沉重的负担落在了源田身上,因为他是我们之中唯一懂得航空力量的人。"南云、草鹿和大石不至于笨到看不到自己在这个领域的缺陷,因此他们依靠源田,听取他作为专家的意见,

◆ 第1航空舰队参谋长草鹿龙之介。

常同他商量。随着时间的流逝，他们越来越信赖源田的判断。

坂上五郎中等身材，说话细声细气，很文雅，几乎像一位日本女人，但他有一颗非常讲究实际的头脑和在海军机械工程工作中的良好记录。他把自己说成是"似乎是实际空袭计划工作的局外人"，但他在至关重要的海上加油方面的工作，已使他做出了超过自己职责范围的贡献。在第1航空舰队组成的当天，他就调进了这个参谋班子。

南云的核心参谋圈子，还包括另外两个人，一个是通信参谋小野良二郎海军少校，他以举重若轻的能力来完成自己的工作；另一个是航海参谋寅次郎海军少校，他很好地掌握了气象学，但在参谋会议上极少发言。

两位能干的将军级军官，四位经验丰富（稍微有点学究气）的专家，再加上一位有闪光才华的大脑，把他们加在一起，就是将要去攻击珍珠港的特遣舰队的神经中枢。有人把这个集团称作一个由天才组成的犯罪集团，而南云就是犯罪集团的首领。

几乎所有参战的日本官兵都认为，从担任第1航空舰队司令官的那一天起，南云已不再是一位普普通通的海军中将。从那时起，无论成败他均将被写入大和民族的历史。倘若成功的光环扣在特遣舰队的头上，他会被捧到天上，成为胜利的象征；即使他战死疆场，每当日本水兵们踏上危险征程时，也会来到靖国神社祈求他神灵的帮助。将来，每当人们乘船出海，便会谈起这场战斗，并定会对此表示惊异。然而，倘若他战败而归，倘若他率领舰队走向灾难，又有谁能为他挖一个足以埋葬他耻辱的深坑呢？太平洋的水，能够把他的名字洗刷干净吗？有高山，就必定有沟壑！

南云的肩膀上承受着历史的责任和重担，这样的重荷在海战史上，几乎没有人承受过。此次冒险行动一反日本海军的传统，违背了日本的基本战略原则。用兵的一般规律是避开敌人坚实的地方而攻击敌人的薄弱之处，而南云却在反其道而行之，他将直接驶进世界上最强大的海军基地的腹地。他的那些宝贵的军舰，不久就将驶往最利于他的对手攻击的位置上，但就在这个位置上，南云要在出敌不意作战原则指导下，给自命不凡的美国人以猛烈的一击。

此时，站在旗舰舰桥上的南云头脑中一片混乱，他不知道此行是福还是祸。他深感自己对将要到来的战事的无能为力，只好乞求神灵的保佑。

在南云的身旁，航海长三浦义四郎海军中校凝神望着前方。这支庞大的舰队，将在这位航海长的带领下驶向作战海域，他如果发生一丝一毫的差错，舰队就将偏离预定作战海区十万八千里。因此，在飞行队起飞以前，三浦义四郎肩负着关系到这次作战能否成功的重任，他深深感到自己的责任重大。这位素来颇爱开玩笑的航海长，如今却变成了另一副模样：紧闭双唇，耸起双肩，而且穿上了他从来也不穿的皮鞋。

考虑到可能有美国潜艇巡逻，机动部队自单冠湾出发以后，实施了昼夜24小时的对潜警戒。同时估计到美军巡逻机的巡逻范围，为了避开巡逻机，机动部队在阿留申群岛和中途岛之间的海域航行。

在进击途中，尽量避免与第三国的商船相遇，以免使舰队全貌暴露。在编队前航行的3艘潜艇，一旦在航渡中发现船舶，立即向机动部队通报情况，并马上潜航。机动部队也立即大角度改变航向，设法隐蔽，以免被发现。

为了掩人耳目，在东京也采取了种种佯动措施。在临战前的5至7日这三天，横须贺海军陆战队的尉官和水兵都被弄到东京去游览。人们看到水兵们欢天喜地在东京街头尽情游逛，怎么也想不到机动部队正张牙舞爪地扑向夏威夷。

机动部队从单冠湾出发后，连日浓云密布，天然的帷幕把机动部队遮蔽了起来，使它不易被巡逻机发现。海面一直比较平稳，没有出现在这个季节往往掀起的狂涛巨浪，这对于保持舰员特别是飞行人员的体力十分有利。

航行中的机动部队实施了严格的无线电管制——只收不发。在"赤城"号的无线电室里，几十名值更的无线电兵带着耳机，聚精会神地收听东京的广播，也没有漏掉夏威夷方面的无线电动态以及其他地方发出的电报，但他们自己一个信号也不向外发送。他们专心静候开战日期的命令。

六

命运之神的捉弄

MING YUN ZHI SHEN DE ZHUO NONG

　　尽管日本采取了一系列保密措施，但日军在偷袭珍珠港前仍暴露出许多征候。如果美国保持应有的警惕，损失不应当那样惨重。当然，如果美国人真的那样做了，珍珠港之战也就不会表现得那么充满传奇色彩了。

尽管日本采取了一系列保密措施，但日军在偷袭珍珠港前仍暴露出许多征候。如果美国保持应有的警惕，损失不应当那样惨重。当然，如果美国人真的那样做了，珍珠港之战也就不会表现得那么充满传奇色彩了。

12月1日，日本政府和大本营联席会议做出决定：向美国开战。

12月2日，当日军机动部队进入中途岛以北的西经海域时，收到山本联合舰队司令官在这天16时30分发来的电报命令："12月8日为X日。"（即对美国开战打响的日期）

日本大本营确定12月8日为开战日，基于以下几点考虑。第一，12月8日是夏威夷时间12月7日，是星期日，可以利用美国舰队星期日休息时放松警惕实施突然袭击。第二，这一天是日军在马来亚登陆的日子，两者可从战略上互相配合。第三，这一天是满月后三四天的下弦月，天亮前有月光，便于部队在拂晓时行动。第四，美国舰队通常在周末从训练区返回珍珠港，根据推测，星期日早晨太平洋舰队停在珍珠港的可能性最大。综合这些条件，日本大本营将12月8日定为命运攸关的X日。

从12月2日以后，东京连续不断地向机动部队发报，通报夏威夷方面的敌情。这种情报叫A情报，它详细说明进出珍珠港的美国舰队的动向。遗憾的是，这些情报到达机动部队时，都是两三天以前的情况了，看了它，虽然可以了解两天以前的敌情，但对最近两天内的敌情变化则一无所知。当然，它对机动部队判断当前的敌情仍有很大帮助。

航行中，旗舰"赤城"号收到联合舰队司令官山本五十六海军上将发来的一封电报训示："皇国兴废，在此一战，我军将士务须全力奋战。"

这份电示，立刻传达到了机动部队的全体人员。随后，"赤城"号上升起了"Z"字旗——日军的作战旗。

"打仗的时刻到来啦!"狂热的战争激情使全体舰员热血沸腾。

当日本舰队步步逼近珍珠港时,美国人也闻到了从日本方面发出的越来越浓厚的战争气息。

12月6日,由美国海军情报翻译班和陆军通讯情报处联合组成的"魔术"室正在紧张地工作着,负责"魔术"室的情报主任克雷默少校也在那里焦急地等待着破译的结果。下午2时,"魔术"室破译了日本发给驻美两位日本使者的指示电,指示电对这两位"和平使者"说,目前形势"十分微妙",日本已决定给予美国提出的"赫尔备忘录"正式答复,由于电文较长,将分14部分拍发,收到后要严加保密,至于何时交给美方,另行通知。

日方答复美方"赫尔备忘录"的电报整整拍发了一个下午,而且只拍发了前13个部分。美国的破译人员于当晚7时将这13部分破译了出来。在这13个部分中,日本大谈其自己"公正谦让",极力表现出"妥协精神",而美国则无视现实,把自己的主张强加于他人,指责美国"企图扩大战争",并对美国企图维持和加强其在太平洋地区的统治地位表示"绝对不能容忍"。电报基本拒绝了"赫尔备忘录"的各项建议。

克雷默看到破译出来的电文后,当即电告所有有关上级等候收信,随后他立即赶到了白宫。

当克雷默在白宫门口按电铃时,已是12月6日晚9时30分了。当时罗斯福总统正在椭圆形书房里同他的那位前几天刚出院的密友霍普金斯(罗斯福的私人顾问)轻松地漫谈着准备在佛罗里达州以钓鱼度过自己的晚年。

克雷默将情报交给总统海军副官助理舒尔茨上尉，舒尔茨走进总统书房，把情报放在总统面前的桌子上，然后站在一旁。

罗斯福一口气把日本对"赫尔备忘录"的答复的前13部分匆匆看了一遍，随后把文件递给了霍普金斯，并对霍普金斯说："这就是说要爆发战争了。"

霍普金斯看完译电后说："战争无疑将在有利于日本的情况下爆发，但遗憾的是，我们不能先放第一枪，以制止日本人的突然袭击。"

罗斯福点点头说："不能，我们不能这样做。"

接着，两人对何时何地可能爆发战争进行了一番分析，都感到情况难以预料。

华盛顿时间12月7日晨5时，"魔术"室的电传打字机打出了日本对"赫尔备忘录"答复的第14部分。内容是：鉴于美国所采取的态度，"日本政府不能不认为，即使今后继续进行交涉，也无法达到妥协。特此通告美国政府，并深表遗憾。"

看到电报译文后，克雷默想，日本拍发出前13个部分后，隔了14小时才发出这么短短的几句话，这一事态本身就说明有不同寻常的情况。为此，他立即将文件分送给各个军政首脑。

刚刚把译电送完，克雷默立刻又看到了新破译的另外两份日本电报。日本政府指示野村："至要，请大使将我方复文于华盛顿时间7日下午1时整递交美国政府（若有可能请交国务卿）。"这份电报是美国太平洋海岸截收站当日晨4时37分收到的，经过破译、翻译和递送，用了近6小时。克雷默看到译电时是10时20分，距离日本人所指的那个关键时间还有2小时

40分。

克雷默突然感到，这个关键性的华盛顿下午1时，在菲律宾刚好是午夜，在美国西半球重要基地之一的巴拿马运河区是中午，惟独在美国最大的海军基地珍珠港刚刚天亮，是偷袭的最好时刻。于是，克雷默立即报送这份情报，并向海军作战部长斯塔克暗示了这一点。

斯塔克也意识到，华盛顿下午1时恰恰是珍珠港的早晨7时30分，这是一个极其危险的时间。他想打电话将这一情况告诉金梅尔司令，但拿起电话听筒后一犹豫，又放下了。此时华盛顿时间是上午10时30分，夏威夷则是清晨5时，离日出还有2个小时。斯塔克怕惊扰了金梅尔的早觉，引起他的不快。而且他又想到，作为华盛顿最高的海军指挥官，他也不应该在一些细节上命令和督促金梅尔"这样干"或者"那样干"。最根本的原因是，他不认为日本人真的就能对远距其本土数千公里以外的珍珠港实施偷袭。侥幸心理在这里起到了关键性的作用，斯塔克还是想先与总统商量商量再说。

阴错阳差的这些细碎的原因，致使珍珠港在被炸之前，始终没有得到海军上级的警报。

美军的参谋总长马歇尔在看到克雷默派人送来的材料后，认为"日本将于当天下午1点或晚些时候，在太平洋地区对美国某个设施采取行动"。他立即召集会议研究对策，会议上虽然分析了多种可能，但没有一个人提到袭击夏威夷的可能性。讨论一番之后，大家一致同意："以最快的速度立即给我外围地区再发一份警告。"

于是，马歇尔撕下一张便条纸，写成一份电文，然后拿起通往白宫的电话，接通了斯塔克，把自己打算要做的事，谨慎地通知了海军作战部长。

马歇尔拟定的电文是："日本将于东部标准时间下午1点递交最后通牒，之后，他们将按照命令立即销毁密码机。我们不清楚该时间内涵意义所在，但必须酌情提高警惕。转告海军方面。马歇尔。"

这封电报迅速向太平洋地区美军各指挥部下达，并由各指挥部通知海军方面，传向其他指挥部的电报都顺利到达，惟有发给夏威夷方向的电报由于天电的严重干扰未能及时到达。这样，珍珠港又失去了一次逃避灾难的机会。

但是，当这封警告电报还在途中时，命运之神又一次向珍珠港敲响了警钟。

这一天的6点30分整，美军太平洋舰队储存供应船"安塔尔斯"号在准备进入珍珠港时，船长克兰尼斯海军中校在右舷约1500米处发现一个外形可疑的东西。那东西稍稍露出水面，像是一艘潜艇的指挥塔。克兰尼斯估计是潜艇的下潜控制系统出了故障，正试图下潜，他立即把这一发现通知了在附近的"沃德"号驱逐舰。

"沃德"号上的戈波纳上尉看到那个奇怪的东西后，认定它是一艘潜艇的指挥塔，而且他从未见过美国海军有这样的潜艇。

"舰长，快到驾驶台来！"戈波纳叫奥特布里奇。奥特布里奇慌忙边穿衣服边跑出来。

"舰长，你看，那个家伙，它在尾随安塔尔斯号进港，它是什么？"戈波纳上尉说，"这只能是一艘潜艇，但它属于哪个国家呢？"

原来，这是日军机动部队派出的5艘微型潜艇中的一艘。日军的计划是，5艘微型潜艇在开战之前秘密潜入珍珠港内，但在实施空袭之前，即使发现最好的时机，也绝不抢先攻击，以免暴露整个作战企图。但是，现在这艘潜艇因发生故障已被美军发现，眼看偷袭计划将要暴露。

6时40分，奥特布里奇发布战斗警报，水兵们迅速装上炮弹，"沃德"号全速前进，向潜艇冲去。

当驱逐舰距潜艇约50米呈直角时，奥特布里奇下令开火。

第一阵炮火没有击中，炮弹从潜艇指挥塔上边飞了过去。第二阵炮火击中了潜艇的指挥塔，潜艇向右舷倾斜，速度减慢，开始下沉。

随后，奥特布里奇下令投射深水炸弹，潜艇在30多米水深处碰上深水炸弹，沉入约400米深的水底。

这是珍珠港之战中响起的"第一枪"。它不是来自日本飞机，而是来自一艘美国军舰。在珍珠港之战中流下第一滴血的也不是美国人，是日本人。

这一断言在61年后得到了证实。2002年8月29日，正在珍珠港进行潜水训练的美国研究者们偶然发现了这艘被击沉的日本微型潜艇。发现这艘潜艇的美国夏威夷研究实验室副主任威尔特希尔说：美国船员们确信该潜艇是由"沃德"号击沉的，原因是潜艇的瞭望塔上有一个弹孔。

微型潜艇暴露，是日本人最担心的事情。现在，这件事情终于发生了。过早地暴露了目标，对珍珠港的偷袭还能达成突然性吗？

击沉日军潜艇后，奥特布里奇立即把这一行动汇报给第14海军军区值日军官。此时，距南云忠一手下飞行员开始轰炸的时间还有1个小时零2分钟。

那天早晨，第14海军军区值日军官是卡明斯基海军少校，他曾参加过第一次世界大战，是个再次服兵役的军官。他把此事记录在案后，马上与司令部的副官联系，但没有打通电话，只得给舰队值班军官打电话，并把报告交给其助手布莱克海军少校。

布莱克海军少校接到电话后，立即给太平洋舰队司令官金梅尔的助理作战计划参谋默菲海军中校打电话。默菲正在穿衣服，他对布莱克说："我正在穿衣服，你立即给值班员卡明斯基打电话，弄清他到底采取了什么行动，是否已给布洛克将军打了电话。"

布莱克一遍又一遍地拨着号码，但卡明斯基的电话始终占线。布莱克如实向默菲汇报后，默菲说："好吧。你到办公室去，拿出军舰位置图。我再打一次电话，如拨不通，就算了。"默菲又打了一次电话，还是占线。然后，他又给接线员打电话，指示他掐断地区值班军官的任何电话，除非极其重要，并通知卡明斯基马上给他回电话。

当默菲走进办公室时，电话铃响了，电话是第二巡逻机联队的拉姆齐海军中校打来的。他说，他们的一架飞机在执行任务时，在距珍珠港入口不远处击沉一艘下潜的潜艇。

默菲回答说："真有意思，我们从一艘在近海巡逻的驱逐舰那里接到了一份同样的报告。"

"就这样吧。"拉姆齐回答说，"你最好马上采取措施，我也马上回作战中心去。"

挂上电话后，拉姆齐穿上宽裤和夏威夷衫，驱车来到作战中心所在的福特岛行政楼。他并不认为上午的报告是敌人确实要行动的情报，但他还是以海军基地空中防御计划为基础，起草了一份巡逻计划。此项计划，特别提出加强对东北海区的巡逻，因为这一地区被认为是日本人最有可能发起进攻的方向。

拉姆齐刚刚放下电话，卡明斯基就来了电话，汇报"沃德"号驱逐舰所采取的行动。之后，默菲打电话告诉了金梅尔海军上将。

金梅尔起床后，正准备去打一场高尔夫球。默菲打电话时，他还没穿衣刮胡子，也没有吃早饭，但他当即回答："我马上就来。"

金梅尔进一步了解情况后认为，不能肯定这是一次大规模攻击的前奏。他后来解释说："……我们曾有过许多次……关于外围地区潜伏潜艇的错误报告，所以我想还是等证实以后再说……"就这样，第一声"狼来了"的呼叫并没有引起金梅尔的注意，而此时那只正在扑向羊群的狼已经张开了血盆大口。

除了金梅尔以外，其他人也没有做出果断决定，他们或者来回打电话询问情况，或者分析来分析去不做出最后判断。就这样，1个小时的时间过去了。如果他们中的任何一个人能果断决定派出一架侦察机起飞侦察一下，也可能很快发现正在空中飞行的日军大型机群。

事情还不仅仅如此，更不应当出现的是，美国海军中没有任何一个人将这个情况通报给陆军。如果夏威夷陆军部接到通报，必然会把一级警戒上升为二级或三级警戒，从而避免在日机轰炸时造成那样大的损失。

美国军队又一次丧失掉了发现日本偷袭的机会。在黑色悲剧袭来之前，他们还会有机会吗？

12月8日1时（檀香山时间7日5时30分），日军机动部队"筑摩"号和"利根"号巡洋舰的零式水上侦察机，由弹射器弹射起飞，对珍珠港进行敌前侦察。

与此同时，各航空母舰上已经做好攻击准备的飞机，按先战斗机后攻击机的顺序，排列在起飞线上。飞行人员集合在飞行员待机室里，等候命令。

海上风浪很大，风速15米，高速行驶的航空母舰上下颠簸得相当厉害，大浪不时打到飞行甲板上，舰艉后边划出一道白色的、逐渐向两侧伸延的长长的航迹。负责固定飞机的地勤人员，竭力设法使飞机不受军舰摇摆的影响，使飞机保持不动。

空袭飞行队总指挥官渊田海军中校身穿飞行服来到作战室，他向南云忠一报告说："报告长官，我们走啦。"

南云忠一站起身来，紧紧握着渊田的手说："全靠你啦！"

随后，他随着渊田海军中校下到飞行员待机室。"赤城"号舰长长谷川喜一海军上校也已从舰桥来到这里。

待机室的灯光很暗，狭小的空间里挤得满满的，还有些飞行人员站在过道里。挂在待机室墙壁上的黑板上写着："2时30分旗舰的位置：瓦胡岛以北230海里。"

"立正！"渊田海军中校喊着口令，向长谷川舰长敬了礼。

长谷川舰长提高嗓门下令："按原定命令出发！"

飞行员从待机室直接奔向各自的飞机。

渊田离开待机室后，向飞行指挥所走去。

此时，舰桥上风刮得呜呜直响，大浪更加频繁地打到飞行甲板上。天空一片漆黑，看不到水天线。

在飞行指挥所里，"赤城"号飞行长增田正吾海军中校正在向起降作业人员作指示，看见渊田上来后，问道："队长，摇摆很厉害，夜里飞行能行吗？"

"颠簸比摇摆还凶！要是演习的话，恐怕要等到天亮才能起飞吧。不过，你跟舰长说，没有问题！"

这时，站在旁边的战斗机分队长指宿海军上尉说："我负责起飞，躲开浪峰，一架一架撤掉垫木，准行！"

渊田向聚集在飞行指挥所的人们打了招呼，表示告别。

"祝你马到成功！"在人们的祝福声中，渊田步向他的飞机。作为空袭飞行队总指挥官的飞机，他的这架飞机尾翼上涂着红黄相间的油漆，在夜里也很醒目。

一位做地勤工作的尉官在总指挥官飞机旁边等着渊田海军中校。这位尉官一边扶着他上飞机，一边递给他一条白头巾说："这是地勤人员的一点心意，表示他们也很想跟你们飞往珍珠港。请你务必收下。"

渊田深情地点了点头，接过头巾，把它紧紧系在飞行帽上。

"开始发动！"随着飞行指挥所一声号令，飞机发动机轰鸣起来。航空母舰转舵，开始顶风航行，以利飞机起飞，舰上的"Z"字战旗迎风招展。

试车后，飞机打开了航行灯。在飞机螺旋桨的震动下，航行灯的微小灯光闪烁着。

"起飞！"

飞行指挥所指示起飞的蓝色信号灯不断地划着圆圈，飞行甲板前面的战斗机开始起飞了。

发动机隆隆作响，飞机开始慢慢地滑行。军舰仍旧颠簸得很凶，飞行甲板也随着上下起伏。每晃动一次，紧张地望着飞机起飞的人们的心就剧烈地收缩一次。但是，在下一次颠簸到来之前，飞机已经借势蓦地起飞了。下一架飞机也是如此。

即刻，响起了暴风雨般的欢呼声。日军官兵们挥动着帽子，挥舞着手臂，有的摇动着小旗，为飞行员们送行。

12月8日1时30分，第一攻击波战斗机、鱼雷机和轰炸机，共183架飞机，相继从6艘航空母舰上起飞。大约15分钟，在上空集合完毕，并编好了队形。

太平洋上空，南云的飞行员们正展翅朝目标飞去。编队中央约3300米的高度，飞行着由渊田亲自率领的水平轰炸机编队。左侧大约3700米的高度，飞行着由高桥率领的俯冲轰炸机编队。右侧，村田率领的鱼雷机编队呼啸着，在大约3100米的高度上飞行。板谷率领的战斗机编队，担任整个飞行部队的掩护。

破晓时分，渊田回头望去，庞大的机群正以完美的编队跟在后面，阳光照在机翼上，泛起银白色的光。他的目光盯在这一壮观景象上，足有两三分钟。在渊田看来，这个光辉灿烂的黎明是属于日本人的！

当渊田的目光重新转向前方时，头脑中不禁掠过了自己一生的闪光经历。39年的生涯，似乎不可避免地将他导向这个岗位。他于1902年12

月2日在历史上有名的奈良郡大声哭喊着来到人间。后来，他笑着指出那年是虎年。按日本的说法，老虎是运气、力量和权威的象征。根据东方的传统，虎年生的人是敏感的、有勇气的和固执的。西方人也许会考虑到，按照黄道十二宫的说法，他是生在人马宫下，人马宫是灵魂和肉体融为一体，永远瞄准着那些星星的牛头人身的射手——聪明、暴躁、无畏和直言。在1921年8月26日，他进入了海军军官学校的预备班。在二年级时，他和源田成为好朋友，并同时得了传染病。在1927年12月，渊田进入霞浦，飞行训练使他对天空和海洋的热爱胜过了一切。1933年11月1日，他进入横须贺航空队，进行特种高空轰炸训练。1935年10月，他又回到那里，当这项技术的教官。1936年12月1日，他双喜临门——晋升为少校，并被选送去海军大学深造。在那里，他成为鼓吹空中力量潜在优势的一小批热心的飞行员的领头人。他是一个不感情用事和不说废话的人，然而却有点神秘莫测。他固执己见，但又知道何时何地应当做出让步。1939年，渊田来到"赤城"号当飞行队长。在一次海上演习中，他在这艘航空母舰上遇见了山本。山本精力充沛的个性，以及他对航空的特殊兴趣，赢得了渊田对他无限的崇拜，两人对海军飞行武装问题进行了深入的交谈。接着，渊田被调到小型航空母舰"龙骧"号上任第3航空战队的航空参谋。当他接到让他调回"赤城"号的命令时，他已积累了大约3000小时的飞行时间。在这段时期，渊田过分地崇拜希特勒，并尽力使自己的样子像他，留着牙刷似的胡子，养成具有穿透性的目光。但这些修饰，都无法掩盖他那有点恶作剧的褐色的眼睛和他那经常露出牙齿的微笑。"渊田有一种很强的战斗精神——这是他最好的品质。"源田评价说，"他也是一名能够理解任何给定情况并迅速做出反应的天才的领导，他不仅是我们最好的飞行领导人，还是一名优秀的参谋——肯合作，头脑清晰。攻击珍珠港的成功，取决于这次攻击的飞行领导人的个性与能力。"

今天，是大显身手的时候了！渊田的思绪从对历史的追溯中回到了现实。

大约7时，渊田调准KGMB电台，指示飞行员按这一无线电信号波朝目标飞去。

正当飞机编队快速掠过渐渐发亮的天空时，一片厚厚如絮的白云在飞机下方约2000米高度慢慢散开，遮住了飞机的视线。

渊田感到有点不妙，他担心可能会飞过珍珠港，引起美军地面防御部队的警惕，而自己却找不到目标，或者甚至连瓦胡岛都找不到。

但是，渊田不知道，此时瓦胡岛上正在发生着一件足以让他百倍担心的事情。当然，他对这件事的发生一无所知。

在瓦胡岛的北端，有一个视界十分开阔的雷达站。凌晨4点钟，中士洛克哈德和埃洛特上岗值班。在雷达方面颇有经验的洛克哈德指导埃洛特如何使用示波仪。7点钟时，洛克哈德开始关闭装置，因为7点是他们结束早上工作的时间。

突然，示波仪显出一幅异常图像。洛克哈德认为这一定是仪器出了故障，可是迅速检查之后，却没有发现问题。洛克哈德立即上机操作，他确信这一定是一个机群在飞行。

7点零2分，两位中士看到机群出现在瓦胡岛东北方，机群庞大，约有50多架。埃洛特建议把这个发现用电话通知情报中心。起初，洛克哈德表示反对，因为正常工作时间已过。然而，埃洛特却坚持要报告。洛克哈德只好让埃洛特打电话。通话持续了七八分钟后，示波仪上的可视信号显示机群距瓦胡岛30至40公里。

情报中心位于珍珠港以东几公里、雷达站以南40多公里处。埃洛特打到情报中心的电话，是交换台话务员二等兵麦克唐纳接的。麦克唐纳以为情报中心的其他人员都已经下岗，便把这个情报记录在案。当他转过头核对时间时，看到3克米特·泰勒中尉。泰勒是一名驱逐机军官，是那天早上值班主任的助手。

在这个命运攸关的早晨，值班主任和飞机辨认军官都没有在场。早晨4点钟时，泰勒带着几个标图员开始上岗，7点整，标图员们收起仪器后离开了。因此，当埃洛特打来电话时，情报中心只剩下泰勒和麦克唐纳两个人。

麦克唐纳认为雷达站报告的情况很重要，便让泰勒来接电话。洛克哈德在和泰勒通话中，向他报告了所掌握的全部情况——可视信号的方向、距离及规模。洛克哈德最后说："这是我所见过的最大的可视信号。"

泰勒的脑子里始终未想到飞近的机群可能是敌机，他以为是从美国海军航空母舰上起飞的飞机。忽然，他想起来，清晨他在从宿舍来情报中心的路上，听见了一段夏威夷音乐。泰勒记起他的一位驾驶轰炸机的朋友讲，每当"B-17"飞机从美国本土飞至夏威夷时，基地便整夜播放这段音乐，为驾驶员充当导航信号。

据此，泰勒确信雷达站捕捉到的是一个美军自己的大型轰炸机群。

事实上，泰勒的判断并不是毫无根据，当时，的确有一个美国的"B—17"飞机编队正在飞向瓦胡岛，这是兰登率领的来自加利福尼亚的机群，只不过是在雷达站观测范围大约5度以外的方向飞行。

泰勒犯了一个重大错误，他把日本机群反射的雷达信号错当成了美国机群的信号，而且他还不愿把自己所知道的秘密告诉洛克哈德和埃洛特，所以只对他们说："好啦，别管它了。"

洛克哈德也犯了一个大错误，他没有告诉泰勒观测到的机群有50余架飞机，如果报告了，泰勒几乎不可能把它看成是"B—17"机群，因为这个数字是美国"B—17"飞机总数的一大部分。

正当陆地上发生着这一切的时候，美军在海上又发现了新的情况。

7时零3分（恰好是渊田的空中编队在美军雷达显示器上出现1分钟后），美军驱逐舰"沃德"号的声呐又发现了一艘不明国籍的潜艇，随即，这艘驱逐舰投下许多深水炸弹。

7时零6分，驱逐舰舰艉300米处发现黑色油泡。这说明深水炸弹击中的真是一艘潜艇。

但是，这一重要事件又没有引起美军的注意。

识破日军偷袭珍珠港阴谋的机遇，就这样一次又一次地与美国人擦肩而过。命运之神似乎就是要把这场灾难降在珍珠港美国人的头上。

日本舰队的舰载机

水平轰炸机（97式舰载攻击机）

◆ 97式舰载攻击机12型。

日本自1936开始研制，日本的优秀机种之一。自日本偷袭珍珠港至马里亚纳海空作战，一直是日本舰载攻击机的主力机种。

推力：1000马力；

最大速度：204节（高度3600米）；

实用升限：7640米；

续航力：1075海里（140节/高度3000米）；

兵器装备：7.7毫米机枪×1，携带鱼雷1枚或800公斤炸弹1枚或250公斤炸弹2枚。

◆ 接受检修的97式舰载攻击机。

零式战斗机（零式舰载战斗机）

◆ 零式舰载战斗机32型。

1937年10月开始研制，在1940年7月至太平洋战争结束，是日本陆海军所有飞机中生产最多、使用频率最高的作战飞机，也是一度领先世界的优秀机种之一。

最大速度：在高度4000米，270节以上；

爬升力：3分30秒可升至高度3000米；

续航力：6个小时以上（巡航速度、带副油箱）；

兵器：20毫米机枪×2、7.7毫米机枪×2。

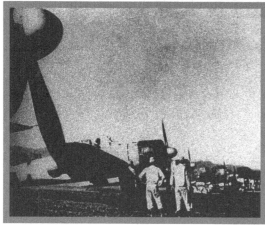

◆ 机场上的零式战斗机。

◆ 准备降落的零式战斗机。

俯冲轰炸机（99式舰载轰炸机）

◆ 黎明前出击的99式舰载轰炸机。

1938春开始试飞，1940年开始生产，1941年开始配备海军航母。
推力：1300马力；
最大速度：231节（高度5600米）；
实用升限：10880米；
续航力：1366海里（150节/高度3000米）；
兵器装备：7.7毫米机枪×2，携带250公斤炸弹1枚或60公斤炸弹4枚。

◆ 准备从母舰起飞的99式舰载轰炸机。

七

灾难突降
ZAI NAN TU JIANG

太平洋上空，渊田用高倍望远镜全神贯注地观察着。此时，他应该能看到远方的瓦胡岛了。

当渊田的目光穿过一条云缝望出去时，他高兴地喊出了声来："哈，瓦胡岛在那儿！"

太平洋上空，渊田用高倍望远镜全神贯注地观察着。此时，他应该能看到远方的瓦胡岛了。

当渊田的目光穿过一条云缝望出去时，他高兴地喊出了声来："哈，瓦胡岛在那儿！"

遥遥望去，瓦胡岛周围是海浪涌起的白色泡沫，岛上郁郁葱葱，群山笼罩在一层薄雾之中。晨曦下，一幅令人心旷神怡的景色。

日军对珍珠港的空袭，有强攻和奇袭两个预案，两案规定了两种不同的攻击顺序。

如果是奇袭，由鱼雷机队打头阵，在敌人高射炮开火以前首先攻击，以获得最大的奇袭效果。接着，水平轰炸机队和俯冲轰炸机队在鱼雷机队攻击之后开始攻击。

如果是强攻，则首先由俯冲轰炸机进行攻击，牵制和压制敌对空火力，造成敌人阵势混乱，鱼雷机队随后乘隙实施鱼雷攻击。

究竟是实施奇袭还是强攻，这要由总指挥官渊田在下令展开时做出判断。为了保守秘密，不用无线电下达命令，而规定用打信号弹的办法把奇袭和强攻加以区别：奇袭时打一发，强攻时打两发。

惟有争夺制空权的战斗机队，不论奇袭还是强攻，在总指挥官下达展开命令后，立即进入瓦胡岛上空，首先歼灭空中的敌战斗机。

当接近瓦胡岛时，渊田看到空中没有一架美军战斗机，确认可以采取奇袭方案。于是，他举起信号枪，向机外打了一发信号弹。

各攻击队看到指挥官打了一发信号弹后，立即开始展开。然而，由于被云隔着，在高处进行警戒的制空战斗机队，没有看到渊田发出的信号。

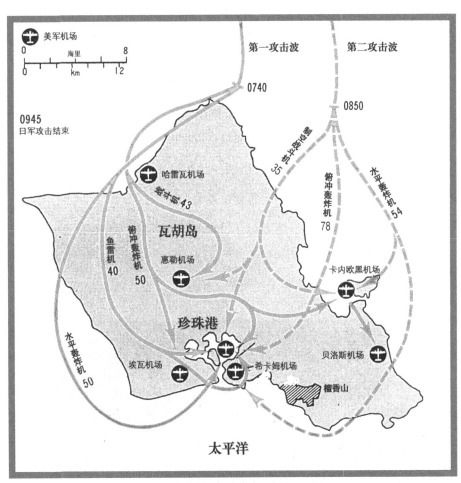

◆ 日机攻击珍珠港示意图。

　　渊田下达展开的命令后，发现制空战斗机队毫无展开的迹象，就估计到它们可能没有看到信号。于是，他朝着制空战斗机队方向又打了一发信号弹。

　　这回，制空战斗机队看到了信号，立即加大速度向瓦胡岛上空飞去。可是，这时发生了误解，俯冲轰炸机队指挥官高桥海军少校看到刚打的一发信号弹后，把它跟前一发信号弹累加在一起，误认为是打了两发信号弹，理解为采用强攻方案。于是，他就做好了首先实施攻击的准备。

　　云量逐渐变小，不少地方云层断开。编队群接近珍珠港时，晴空如洗，从瓦胡岛的西北山谷清楚地看到了整个珍珠港。

　　"报告队长，看到了珍珠港！"松崎海军上尉激动地喊道。

　　渊田看到了珍珠港内战列舰的明显标志——笼式舰樯，他借助高倍望远镜数了数，有7艘战列舰停泊在福特岛水边上，还有1艘停泊在美国海军

◆ 停泊在珍珠港内的战列舰。

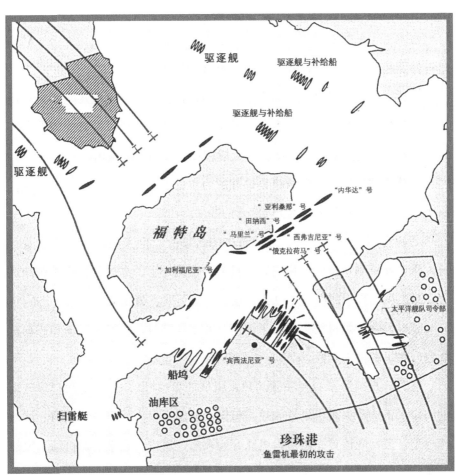

驱逐舰

驱逐舰与补给船

驱逐舰与补给船

驱逐舰

"内华达"号

"亚利桑那"号

"田纳西"号

"马里兰"号

"西弗吉尼亚"号

"俄克拉荷马"号

福特岛

"加利福尼亚"号

太平洋舰队司令部

"宾西法尼亚"号

船坞

油库区

扫雷艇

珍珠港
鱼雷机最初的攻击

◆ 1941年12月7日，太平洋舰队主要作战舰艇受攻击时所在位置图。

造船厂船坞内。

"水木军士长，现在发攻击令！"渊田海军中校一面用望远镜观察，一面通过传话筒向水木军士长大声喊道。

水木军士长按着电键，反复拍发了密码命令："突、突、突……"这是开始发起攻击的命令，取"突击"的第一个"突"字。

高桥海军少校接到攻击命令后，立即指挥俯冲轰炸机队进入预备攻击阵位。50架俯冲轰炸机兵分两路，其中一路由他亲自率领，奔向福特岛和希卡姆机场，另一路由坂本明海军上尉指挥，飞向惠勒机场。

高桥将渊田发出的信号错误地理解为实施强攻后，自然认为应由他打头阵。现在，他毫不迟疑地开始行动了。

高桥看到，离珍珠港不远的希卡姆机场上，巨大的机库一栋挨着一栋，重轰炸机刚从机库里拖出来，排列在停机坪上。高桥驾机快速俯冲过去，第二架飞机也跟着飞了过去，接着，第三架、第四架……

顿时，希卡姆机场上升起了浓烟。几乎在同时，福特岛机场和惠勒机场也升起了高大的烟柱。

这时，村田海军少校率领的鱼雷机队的第1中队，已经迂回到珍珠港的湾口，正从希卡姆机场进入攻击航向。村田海军少校清楚地知道，这次作战是奇袭，应该首先由鱼雷机队开始攻击。所以，当希卡姆机场上突然升起硝烟时，使他很吃惊。

机场的巨大烟柱遮住了鱼雷机队的攻击目标，村田只好指挥机队改变进入方向，向港内美军的舰队扑去。

原来计划攻击开始时间为东京时间3时30分（檀香山时间8时），由鱼

◆ 空袭下的希卡姆机场。

◆ 燃烧中的希卡姆机场。

◆ 燃烧的惠勒机场。

雷机队打出开战的第一颗鱼雷。现在，由于俯冲轰炸机提前5分钟首先实施攻击，一切都乱套了。好在美军没有丝毫的戒备，日军可以放开实施攻击。

就在日机投掷的炸弹将要在珍珠港落地时，渊田向水木军士长下达了一道命令："用甲种电波向舰队发报，内容是：'我奇袭成功！'"

奇袭成功的暗码是"虎"字。随着"虎！虎！虎！"暗码的发出，南云忠一、山本五十六以及日本大本营都收到了这一特大喜讯。

当日本机群开始实施攻击时，檀香山海军航空基地作战军官洛根·拉姆齐中校正站在福特岛指挥中心的一扇窗子前观看护旗队升旗。7点55分左右，他听到飞机在基地上空俯冲的尖叫声，便转身对巴林杰说："迪克，把那家伙的机号记下来，他违反了第16条航线安全条例规定，我要上报。"

"你记下他的机号了吗？"拉姆齐问从另一扇窗子前向外观望的巴林杰。

"还没有，机号看不清楚。但我想，可能是个队长的座机，因为我看到飞机上有一道红线。"巴林杰答道。

"查一下，看看天上是哪个队长的座机。"拉姆齐命令。

就在此时，巴林杰报告说："那架飞机俯冲下来了，投下了一个黑色的东西！"

巴林杰的话音刚落，就听到一声巨大的爆炸声从飞机库方向传来。拉姆齐脸上顿时露出恍然大悟的表情。

"迪克，不用费事了，"他大声说，"这是一架日本飞机，投下的是一颗炸弹！"

说完这句话，他立即冲

◆ 洛根·拉姆齐中校。

出房间，直奔走廊另一端的电讯室。拉姆齐命令所有在岗人员用明码发报："空袭珍珠港。这不是演习！"

于是，这条著名的无线电消息于7点58分整随着滴滴答答之声传送了出去。这条使美国从熟睡中惊醒的电报，是由海军中校洛根·拉姆齐率先发出的。

在俯冲轰炸机群呼啸着向下俯冲之时，拉姆齐又给他的上司贝林格将军打电话："日本人正在袭击！"但他的上司却怀疑地说："你不该拿这种事来开玩笑。"拉姆齐费了很多口舌，才使贝林格相信他的话不是在开玩笑。

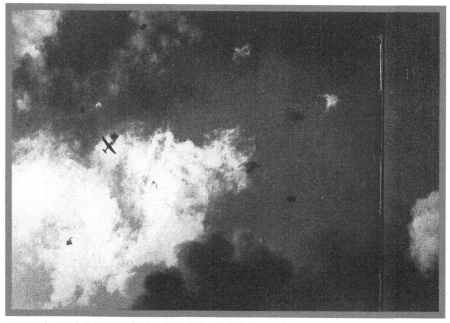

◆ 天空中，日本的飞机飞来飞去。仅几分钟，福特岛上近一半的舰载机被炸，飞机变成废墟。只有美国微弱的防空炮火在告诉人们："这是战争，不是演习。"

◆ 刚刚投下250公斤炸弹（飞机下方的小黑点）的日本俯冲轰炸机。

　　贝林格被说服后，拉姆齐立即朝他的作战计划参谋海军中校查尔斯·科恩喊道："快走，到司令部去！"

　　"将军，怎么也得让我把裤子穿上吧。"科恩一边忙着穿裤子，一边说。

　　贝林格开着汽车像冲出地狱的蝙蝠一样，急驰而去。天空中，成批的日本飞机飞来飞去。仅几分钟，高桥的俯冲轰炸机就炸毁了福特岛上近一半的舰载机，使飞机库变成一片废墟。机场附近的人们看到了那骇人的一幕：燃烧着的飞机，像森林大火一样燃烧的飞机库，停机坪上几乎未剩下一架完好的飞机。

当高桥的俯冲轰炸机轰鸣着扑向瓦胡岛时，也引起了太平洋作战部队司令、海军少将弗朗的注意。弗朗是那天早晨在珍珠港湾现场的最高指挥官。当时，他正在"奥格拉拉"号布雷艇的后甲板上散步，等着吃早餐。

弗朗看到一架飞机飞过来，而且从投弹器上掉下来一个黑色的物体，他自言自语地说："多么愚蠢粗心的飞行员，竟照看不好投弹器。"

飞机上掉下来的炸弹在福特岛西南端靠近水边的地方爆炸，未造成任何破坏，只是溅起了大片的泥土。但是，当飞行员向左急转弯加速时，弗朗看到了飞机上的标志，他立即反应过来，大声喊道："是日本人！各就各位！"

命令一下，"奥格拉拉"号马上发出警报："港内所有船只出击！"

此时，由"飞龙"号和"苍龙"号起飞的日本第3、第4鱼雷机队在松村和永井的率领下，径直朝福特岛西南飞来。几秒钟后，一双鱼雷飞快穿过浅水，向轻巡洋舰"雷利"号和靶船"犹他"号冲去。随着一声巨响，"犹他"号向左舷严重倾斜，开始倾覆。

轻巡洋舰"雷利"号的舰上总值日官一开始以为这是一次常规空袭演习，命令高射炮手准备战斗。然而就在这时，一枚鱼雷击中了它的第58根肋骨处，海水涌进了前发动机房和1、2号锅炉房。

爆炸声惊醒了海军少尉贝尔得欧，他穿着红色睡衣，奔上后甲板，最先映入他眼帘的是那些大红球。他很快就明白了发生的一切，随即命令"雷利"号上的高射炮开火射击。

此时，"雷利"号开始向左舷严重倾斜，经过抗倾覆注水，船还在继续倾斜。海军上校西蒙斯立即组织抢救，以防倾覆。

8点整，又一枚鱼雷溅落在"底特律"号与"雷利"号之间，幸运的是鱼雷一头扎进泥里，没有造成危害。

永井驾机飞过福特岛，试图击中在船坞中的"宾夕法尼亚"号。然而，当他看到系泊的船台可能会挡住鱼雷时，便把鱼雷投向了"奥格拉拉"号。似乎为了补偿日本人没有击中"底特律"号的过失，这枚鱼雷从"奥格拉拉"号船底穿过，撞在轻巡洋舰"海伦那"号上爆炸，一枚鱼雷同时击伤两艘军舰。"奥格拉拉"号的航海日记上写道："爆炸的作用力掀起了锅炉房的金属地板，撕裂了左舷船身。""海伦那"号航海日志记的是："7点57分30秒，附近接连三次响起巨大的爆炸声。7点58分左右，右舷的强烈爆炸声震得船体来回摇晃。"

当上面的这些情况发生时，作战值班军官正在向美军太平洋舰队司令官金梅尔作简要汇报。值班军官还在说着话，一名军士突然冲进金梅尔的办公室，大声喊道："信号塔发出信号，日本人正在袭击珍珠港，这不是演习。"

金梅尔的心一下子提到了嗓子眼，他飞快地冲出屋去，边跑边系着他那白色军上衣的扣子。

在金梅尔办公室旁边的草坪上，可以清楚地看到对面海港里的战列舰群。金梅尔目瞪口呆地站在那里看着，只见日本飞机成8字形盘旋，向军舰投掷鱼雷。他可以清楚地看到日军飞机机翼上的朝日标志，如果日本飞行员探出头，他能够看见日本人的面孔。金梅尔的脸上表现出的是难以相信和十分震惊的样子，他那张扭曲的脸，像身上的白制服一样苍白。

金梅尔后来说："我马上就明白发生了可怕的事。这不是几架迷航飞机发动的心血来潮的袭击，天空密密麻麻都是敌机。"

金梅尔朝着那些他心爱的军舰所在的方向凝视着，日军轰炸机正在它们的上空像蝙蝠一样猝然飞过。他看到"亚利桑那"号被抛出水面，然后又沉下去……可怕的画面如同失控的电影一样，一幕幕在金梅尔眼前闪过，其速度之快，令人无法看清，无暇思考。

这次偷袭珍珠港，日军把袭击的主要目标确定为美国太平洋舰队的航空母舰和战列舰，由于航空母舰不在港内，所以停泊在港内的8艘战列舰成为日军飞机集中攻击的目标。8艘战列舰有7艘停泊在福特岛与海军工厂之间被称为"战列舰大街"的航道上，自西南向东北依次是："加利福尼亚"号；"俄克拉荷马"号和"马里兰"号（两舰并列）；"田纳西"号和"西弗吉尼亚"号（两舰并列）；"亚利桑那"号；"内华达"号。

另外一艘战列舰是金梅尔上将的旗舰"宾夕法尼亚"号，停泊在南边海军造船厂船坞内。在福特岛北面和西面，则停有轻、重巡洋舰，驱逐舰，以及各类工作船。

日本鱼雷机群以超低空方式接近"战列舰大街"，对那些静静"躺"在水面上的巨型战列舰实施抵近轰炸。飞行军士长森十三回忆说："我驾机向港口飞去，忽见一艘战列舰出现在我的飞机正前方，像一座巍峨的山峰耸立在轰炸机前面，我就立即将鱼雷投了下去。"

一架架日本飞机掠海面飞行，在距海面很低的高度上接连发射带有安定尾鳍的特制浅水鱼雷，只见海面上蓝白色的雷迹交叉纵横，向停泊的战列舰飞驰而去。顿时，舰船舷侧连续发出轰天巨响，水柱四起，火光

◆ 太平洋舰队司令官金梅尔的旗舰"宾夕法尼亚"号由于临时泊在海军造船厂船坞里修理，侥幸逃脱了覆灭的命运，但也吃了几枚炸弹。

烛天。

日机空袭开始5分钟后，美军军舰和海岸上的高射炮开始还击。炮火在日机航向前面构成一道道绵密弹幕。

此时，渊田率领水平轰炸机队到达港口上空，他突然感到他的座机"像挨了一大棒似的震了一下"，赶忙询问怎么回事。坐在后面的水木军士长报告说："机身左侧被弹片打穿，方向舵有一半被打坏了，但还可以飞行。"

渊田冒着飞机坠落的危险，仍旧指示向导机，把停在里侧、鱼雷无法攻击的战列舰"马里兰"号作为目标。

当下达完"投弹"的命令后，渊田决定亲自观察轰炸效果。此时，他忘掉了自己在指挥全军的战斗，也忘掉了规避敌人的高射炮火。他被那一瞬间的惊险感迷住了。

渊田看到，炸弹脱离飞机后不久，就变得比豆粒还小，终于看不见了。再看"马里兰"号的甲板，有洗衣盆那么大，紧接着像地毯上弹起的灰尘那样，甲板上升起了两股白烟。

"两弹命中！"渊田兴奋地大声喊道。

在日军飞机发疯似的猛攻下，美军太平洋舰队的主心骨——8艘战列舰遭受到致命打击：

战列舰"马里兰"号被两颗装着延期引信的穿甲炸弹命中，爆炸后在舰舷外的海面上掀起了两处很大的层层波纹。由于这两颗炸弹穿透了装甲，在舰内爆炸，使该舰受到相当大的破坏。舰体倾斜1.5米，舰上燃起大火，浓烟滚滚。

在鱼雷机队的集中攻击下，"俄克拉荷马"号先后被12条鱼雷击中，舰体左舷严重倾斜，右舷的舰壳如同一条巨大的鲸鱼背一样露出水面，并缓缓地转动着，歪着身子插入水中。许多舰员趴在难以站立的舰壳上，害怕掉进燃烧的火海里。幸好舰舷旁是"马里兰"号，虽然该舰也已中弹燃烧，但尚未倾覆，因而，趴在"俄克拉荷马"舰壳上的许多人在他们伙伴的帮助下，爬上了"马里兰"号，但更多的人却随舰沉入海底。在该舰沉没的第二天，救护人员用焊枪和汽锤在已经倾覆了的"俄克拉荷马"号舰壳上打开了几个缺口，抢救被围困在舰舱里的舰员，又救出了32人。但那些远离缺口的舰员虽然在舱内大喊大叫，外面救护人员也听不见。当他们明白外面的人不能来救他们的时候，就用粉笔在隔板上写上自己的名字及绝命书，然后极其痛苦地慢慢死去。后来，当这艘倾覆了的战舰重新被打捞起来的时候，才知道那些封闭在隔舱里的人一直坚持了17天。

"加利福尼亚"号被两条鱼雷命中，舰上的重油库中弹起火，为防止弹药库爆炸，舰长下令向弹药库注水，不料此举却加剧了这艘巨船的倾斜和下沉，舰长在无奈的情况下只好下令弃舰。但是，人员如何离舰却成了大问题，因为在"加利福尼亚"号周围的水面上，有一层厚达30厘米的重油在燃烧，要想跳进燃烧着的充满浓烟的火海里又不被烧死，只能在油层下面潜游出去，这是一般人难以做到的事情。随着"加利福尼亚"号慢慢下沉，在火海里挣扎的舰员大部分被烧死。

战列舰"亚利桑那"号被一颗穿甲弹穿透钢甲板，引起舰艏弹药舱爆炸，激起高达1000米的烟火柱。人们非常清楚地看到有的人的尸体夹在爆炸物之中腾空而起，上百吨重的炮塔也飞上了天空。舰桅歪斜，庞大的舰体被熊熊燃烧的烈火完全吞噬。有人形容"亚利桑那"号弹药舱剧烈爆炸而发出的巨响时说:"这是几百年前在这个平静的瓦胡岛上的两座火山大爆发以后,从来也没有发生过的声响!"大爆炸后,"亚利桑那"号很快沉没,舰上的1100名舰员也一起葬身鱼腹。

战列舰"内华达"号虽然仅被一枚鱼雷和两枚炸弹击中,但舰上也燃起了大火,黑烟滚滚而出,被烧得一塌糊涂。

"西弗吉尼亚"号战列舰也受到鱼雷机队的集中攻击,一共被9条鱼雷击中,左舷被炸开一道又长又宽的裂口,船体倾斜着,半截沉到水里。

"田纳西"号则相对幸运一些,由于它靠近福特岛一侧,仅被击中1枚鱼雷。但这条鱼雷也使舰上大火猛烧,浓烟冲天。

金梅尔的旗舰"宾夕法尼亚"号由于临时泊在海军造船厂船坞里修理,侥幸逃脱了覆灭的命运,但也吃了几枚炸弹。

当金梅尔上将来到他的太平洋舰队司令部时,他所指挥的这只舰队的骨干力量——8艘战列舰,有7艘已被击沉或遭重创,而此时日本人仅损失九架飞机。

战舰命运的消息传到金梅尔的耳朵里时,他从牙缝里挤出了一声痛苦的呻吟。然而,真正撕扯他的心的不仅是失去了军舰,而是他的军官和士兵们所遭受的不幸。对于金梅尔来说,这些官兵并不仅仅是标志兵力多少的统计数字。当时,几乎每艘美国军舰都是一个小的和睦的集体,在这个集体中,几乎所有的人都彼此相识。一名士兵入伍后被分配到一条舰上,可能会在那里待上二三十年,直至退役。共同服役、战斗情谊以及家庭间的通婚,像无形的纽带联结着海军官兵们。金梅尔在珍珠港认识上千名官兵，他能叫出几百名官兵的名字，并和几十名官兵交上了朋友。所有这些人，从饱经沧桑的舰长到单纯稚嫩的水兵，都是他的部下，他应对他们负责。

金梅尔心情沉痛，步履缓慢地走到窗前。突然，一颗跳弹穿破玻璃打在这位海军上将的胸部，白色的军服留下一个黑色的污点，子弹掉在了地上。金梅尔好像无动于衷，慢慢弯腰把它拣起来。这是一颗5毫米口径的子弹，子弹穿过窗户玻璃后已经没有多少能量，因此只在金梅尔的军服上留下一个黑点。看着这颗子弹，金梅尔渴望将来能有机会对这可怕的一天

◆"西弗吉尼亚"号被9枚鱼雷击中。左舷被炸开一道长37米、宽4.5米的大裂口。全舰燃起了熊熊大火。

◆ 下沉的"西弗吉尼亚"号舰尾甲板。

进行报复。然而他心里完全清楚，此次毁灭性打击意味着他作为美国太平洋舰队司令生涯的结束，他心里充满了难过和失望，自言自语地说："如果这颗子弹打死我，那真是太仁慈了。"他说的是真心话。

偷袭珍珠港

美军在瓦胡岛上有6所陆海军航空基地，日本第5航空战队（瑞鹤、翔鹤）舰载轰炸机以及全部零式战斗机对上述机场进行了狂轰滥炸。

日军在袭击珍珠港内停泊舰船的同时，注意夺取制空权的做法是正确的。美军只有6架战斗机仓促升空，结果被零式战斗机击落。

在夏威夷群岛的主岛瓦胡岛有4个陆军飞机场。其中3个受到日军的航空攻击，惠勒机场共受到25架俯冲轰炸机的攻击。

在偷袭珍珠港中，日军总共出动350架舰载飞机，分两批发动攻击。严格地讲，日本偷袭珍珠港只能算是一次带有战略性意义的空袭行动。美军瓦胡岛地区当时有陆海军飞机近400架，都在飞机场上或机库中，饱受日机打击，伤达347架，几乎全军覆没，而日军只损失29架。

◆ 被轰炸后的希卡姆机场机库。

◆ 为了夺取珍珠港的制空权，分布在珍珠港四周的希卡姆机场、惠勒机场、埃瓦机场和卡内欧黑机场成为日机的第一批目标。当日机出现在美机场上空时，美机大部分停在机场上。特别是离珍珠港不远的希卡姆机场，巨大的机库鳞次栉比，重型轰炸机一架挨着一架排在停机坪上，好像在等着日机前来一网打尽。图片上方是一架刚在希卡姆机场完成投弹迅速离去的日机，下方便是希卡姆机场。

◆ 受到攻击的惠勒机场。

◆ 美陆军战斗机基地惠勒机场惨状。

◆ 燃烧的机库（卡内欧黑机场）。

◆ "马里兰"号损伤较轻，右边的"俄克拉荷马"号可就惨了。由于它位于外侧，被12枚鱼雷命中。顷刻间，舰面大火熊熊，左舷严重倾斜，右舷的舰壳如同一条巨大的鲸鱼背露在水面上，歪着身子插在水中。

◆ 画面中间如同一条巨大的鲸鱼背露在水面上的正是"俄克拉荷马"号战列舰。当时许多舰员趴在舰壳上，害怕掉进燃烧的火海里。幸好舰舷旁是"马里兰"号战列舰，该舰也中弹燃烧，但尚未倾覆，因此不少趴在"俄克拉荷马"号舰壳上的人得救了，但更多的人却随舰沉入海底。

◆ 从海军机场看到的"亚利桑那"号战列舰大爆炸。

◆ "加利福尼亚"号被2枚鱼雷击中。舰上的重油库被击中起火。该舰周围的海面上,有一层厚达30厘米的重油在燃烧。"加利福尼亚"号被火海和浓烟吞噬。

◆ 从海岸方向看到的烈火熊熊的"亚利桑那"号战列舰。

◆ 美军官兵全力救火，企图抢救"西弗吉尼亚"号，但仍不能阻止其渐渐下沉。

◆ 被攻击后的珍珠港。

◆ 一艘海军拖船正赶往救援"内华达"号战列舰。"内华达"号被1枚鱼雷和2枚炸弹击中，黑烟滚滚而出。

◆ 排水量达34000吨的"亚利桑那"号战列舰成了废铜烂铁。

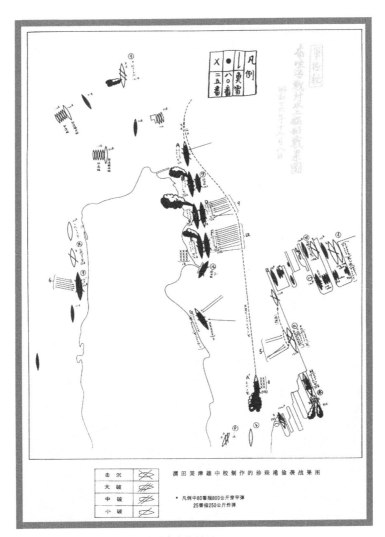

淵田美津雄中校制作的珍珠港偷袭战果图

- 凡例中80番指800公斤穿甲弹
  25番指250公斤炸弹

击 沉	
大 破	
中 破	
小 破	

◆ 淵田美津雄中校制作的珍珠港奇袭战果图。

日本偷袭珍珠港获得成功。担任空中攻击总指挥的淵田美津雄（中校）成为了"日本英雄"。他获得了日本军国主义的最高荣誉：进皇宫拜见天皇，并向天皇汇报袭击珍珠港的具体情况。军阶只有中校的淵田受宠若惊，又兴奋又紧张。1941年12月26日，他带着连夜赶制的海图、照片和这份战果图，同军令部总长永野修身上将、南云第1航空司令官和崎少校一起，被神秘地领进宫中。原计划只给淵田15分钟的汇报时间，但由于天皇对作战过于关心，致使预定时间延长了一倍。

八

美国怒吼了

MEI GUO NU HOU LE

　　第一轮空袭结束之后，珍珠港内出现了暂时的平静，只见好几艘四周和顶部涂有红十字的白色船出现在硝烟弥漫的海面上，以它那洁白的舰艏柱劈开火海，全速向正在燃烧着的舰船驶去，冒着爆炸的危险和燃烧着的烈火去抢救伤员。

第一轮空袭结束之后，珍珠港内出现了暂时的平静，只见好几艘四周和顶部涂有红十字的白色船出现在硝烟弥漫的海面上，以它那洁白的舰艏柱劈开火海，全速向正在燃烧着的舰船驶去，冒着爆炸的危险和燃烧着的烈火去抢救伤员。

然而，灾难并未就此结束。8时54分（檀香山时间），由167架日机组成的第二攻击波又气势汹汹地杀过来。

岛崎海军少校是第二攻击波的总指挥，他同时直接率领由54架飞机组成的水平轰炸机队。接近瓦胡岛后，水平轰炸机队绕到瓦胡岛东侧，攻击卡内欧黑机场、希卡姆机场和福特岛机场。江草海军少校指挥的俯冲轰炸机队共78架飞机，飞过东面的山脉，到达珍珠港攻击港内的舰船。进藤海军上尉指挥的制空战斗机队共35架飞机，主要负责争夺瓦胡岛上空的制空权。

这时，整个珍珠港空中的高层被断云遮盖，而下面浓烟滚滚，严重妨碍着俯冲轰炸机队寻找目标。飞高了，不易找到目标；飞低了，又不能进行俯冲。与此同时，美军的所有高射炮都已开始对空射击，在珍珠港上空形成了绵密的火网。

军舰上的高射炮对空齐射时，会在空中形成一道道柱形集束弹幕。在空中飞行的日本人可以清楚地看到这些弹幕。

江草海军少校发现这一情况后，便大胆地向着射出集束弹幕的方向俯冲。当飞机俯冲到一定高度的时候，他可以清楚地看到正在开炮射击的那艘敌舰，并立即修正瞄准，对这艘敌舰进行轰炸。

其余77架俯冲轰炸机立即依照江草的这种战法，先找集束弹幕，然后朝它俯冲下去。

从"赤城"号上起飞的山田昌平海军上尉专找"庞然大物"攻击。他看到有一处集束弹幕最密，以为一定是"庞然大物"射来的，立即带领中队向射出弹幕的方向俯冲下去。可下去后一看，原来是一群陆上炮台，只好又驾机升高，重新寻找目标。

俯冲轰炸机队的81架飞机采取这种办法，主要攻击了港内的战列舰，其次是巡洋舰，还有不少是驱逐舰。

日机的第二攻击波袭击，将珍珠港变成了一个浓烟滚滚的地狱，黑色、暗红色、蘑菇状的滚滚烟尘喷向空中，犹如一大团暴雨云合拢后又分散开来，到处充满了辛辣、恶臭、呛人的气息。

在第一攻击波袭击中受伤的"内华达"号启动后驶进航道，它不想在这座"坟墓"中等死，它想尽快离开这个港口。

"内华达"号的舰艏有一个被炸开的像一间屋子那么大的洞，舰桅上那面破碎的旗帜飘动着，似乎表示着对日机的反抗。当它慢慢地从大火熊熊的"亚利桑那"号旁经过时，看到3名幸存者在舰旁游着，于是从舰上抛下一条绳子，那3个人爬上了"内华达"号。当"内华达"号从倾覆的"俄克拉荷马"号战列舰旁驶过时，一种恐惧感紧紧抓住了舰上每一个人的心。

此时，江草海军少校的飞行员看到"内华达"号在他们下面破浪前进，认为这是一个一举两得的绝好机会，既可击沉这艘战列舰，还可以用这艘沉船封锁住珍珠港。

于是，日本飞机像一群苍蝇似的扑了过去，走马灯似的发起了攻击。

在冰雹一般的弹雨中，"内华达"号中了6颗炸弹，浓烟和烈火从甲板上
升起，舰艉在下沉。在这万分危急的时刻，"内华达"号突然改变了航
向，向左边窜去。为了避免自己的战列舰在沉没时堵塞珍珠港入口处航
道，舰长有意抢滩。结果，这艘战列舰在霍斯皮特尔角搁浅。至10点45
分，拖船才把这艘战列舰拖到珍珠港入口航道西侧。军舰前部已被炸毁，
舰艉楼受到严重破坏。全舰共有3名军官和47名士兵阵亡，另有5名军官和
104名士兵受伤。在"内华达"遭到重创时，舰长和航海长都不在舰上，
只有一名预备军官担任临时指挥。

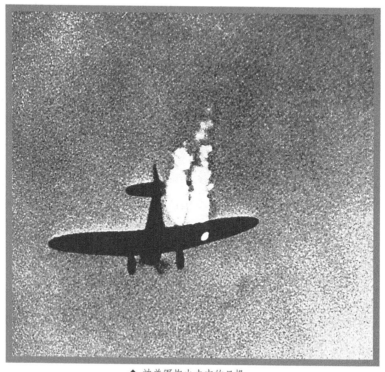

◆ 被美军炮火击中的日机。

◆ 起飞迎击的飞机虽被日本零式战斗机击毁，但地面的防空炮火却多少给美国找回一些面子。在日机实施第二次攻击时，地面防空炮火显得更猛烈，此时瓦胡岛被黑烟和弹幕所笼罩。

　　日机的第二波攻击大约持续了1小时。这次攻击进一步扩大了第一波攻击的战果。然而，由于美军的高射炮火越来越猛烈，日军在第二波攻击中共损失20架飞机。其中，战斗机6架，俯冲轰炸机14架。

　　南云忠一和他的参谋长草鹿站在"赤城"号舰桥上，目不转睛地注视着天空。大约在10时10分，远远的南边终于出现了一个个小黑点——第一攻击波的飞机返航了。

　　返航的飞机有的编队飞行，有的单机飞行。不久，飞机陆续在6艘航空母舰上降落。

所有回到"赤城"号上的飞行军官,都立即向舰上负责航空事务的参谋增田报到,向他报告战果,再由他集中起来,报告给正在急切等待最后统计的南云和草鹿。

大约中午时分,渊田的飞机驾驶员把飞机降落在"赤城"号甲板上。渊田刚刚从飞机中钻出来,就有一个水兵跑过来传达命令,说南云忠一想马上见到渊田。然而,渊田决定还是等他把自己观察的结果和那些飞行队长的观察结果核对之后再去。经过核对,渊田发现,各飞行队长观察的结果与他观察的结果几乎完全一致。此时,他认为可以给上司拿出一个相当精确的估价了。就在这时,又一个通信兵通知渊田到南云那儿去报告,"快点儿!"

渊田来到作战室,他看到和南云在一起的还有草鹿、长谷川、大石、源田和其他几位参谋。

南云一见到渊田,便迫不及待地问:"结果怎么样?"

"4艘战列舰沉没,"渊田答道,"这是我亲眼看到的,4艘战列舰被破坏。"然后,渊田按美国军舰停泊的位置和种类,列举了飞行员们轰炸的情况。

渊田还没有汇报完,南云就打断他的话说:"你是否认为美国舰队在六个月之内不可能驶出珍珠港?"

渊田回答说:"美国太平洋舰队的主力,在六个月之内不可能驶出珍珠港。"

南云眉开眼笑地点了点头。

此后，草鹿接着问："你认为下一个目标应该是什么？"

"下一个目标应该是海军船坞、油库以及那些偶然发现的舰只。"渊田认为没有必要再次攻击战列舰了。

草鹿还问到了美国人反击的可能性问题，但渊田认为日本人已经掌握了瓦胡岛及海上的制空权，美国人实施反击的可能性不大。

南云这时突然问道："你认为失踪的美国航空母舰会在哪里？"

原来，从空袭开始以来，日本人始终没有弄清楚美军太平洋舰队的两艘航空母舰"企业"号和"列克星敦"号在哪里。

渊田回答说，尽管他不能肯定，但是他认为它们极有可能正在海上某处训练。责任感使他不得不又加上一句："此时，航空母舰无疑已收到受到空袭的报告，并必将要来寻找我特遣舰队。"

显然，这个十分可怕的猜测给南云留下了深刻印象。大石也为此而深感焦虑，他问负责航空事务的源田参谋如何看这个问题，源田却轻松地答道："让敌人来吧！如果他们来，我们就打下他们的飞机。"

南云夸奖了渊田几句，就让他走了，接着又同草鹿、大石、源田等人讨论起来。

源田认为，如果在未查明美军的两艘航空母舰的下落之前就再次袭击珍珠港，势必会成为永久的笑柄。因此他力劝南云："在原地停留几天，找到敌人的航空母舰后再行动。"源田和渊田都主张不能返航，要继续进攻。

然而，舰队司令南云忠一的想法是：尽快结束这一切，打道回府。这次偷袭珍珠港，他是冒着失去日本第1航空舰队的危险出来的，现在他的军舰完好无损并大获全胜，这已经足够了。他不想让自己再次卷入冒险之中，再一次去体验那难耐的焦虑。南云还认为，此时他对日本未来战争的最大贡献，莫过于把他的特遣舰队完好无损地带回日本，以便将来再战。这也是军令部同意给南云6艘航空母舰的条件之一。

"此次行动的目的是保护南方舰队的侧翼和后翼，"草鹿解释说，"既然目的已基本达到，我认为，我们不应该留在此地，同样不应该迷恋于无限期延长这一冒险行动……"

草鹿虽然很赏识源田和渊田的对敌人实施反复攻击的强烈愿望，但是他认为："我们不得不把战斗热情和我们的战力做出冷静的权衡。由于日本财力有限和美国潜在的能量，日本人经不起把自己的舰只随意放在赌桌上，也不能在不知得益大小时就去冒险。"

轻而易举的取胜，使南云的作战决策思维失去了重心。战前，他曾想他将损失特遣舰队1/3的力量，但现在他的军舰未受到丝毫损伤。在这种情况下，他忘记了"只有最大限度地消灭敌人，才能更有效地保存自己"这一战争的通则，把思考问题的逻辑起点一下子定在了"如何尽量减少特遣舰队的损失"上。因此，他和草鹿一致认为，此次行动已获得80%的成功，另外20%不值得再去冒险。

于是，南云和草鹿做出了返航的决定。他们的这一决定，令许多飞行员大失所望，年轻飞行军官们非常渴望再次袭击珍珠港，他们想尽量给敌人的破坏更严重些。他们认为这是一生中难得的机会，错过此次机会将会抱憾终生。当然，也有许多飞行员在给敌人造成重大损失后松了一口气，希望尽快返航回国。这些人认为："我们给敌人战列舰造成的损失，已相当令人满意，鉴于金梅尔的航空母舰这一最大目标未在港内，我们没有必要实施第二轮攻击。因此，特遣舰队不应该使用精锐航空部队去攻击瓦胡岛上的军事设施，而应该养精蓄锐，准备在将来的某一天同敌航空母舰进行一场殊死决战。"

参加空袭的绝大多数的幸存者认为，就当时飞机状况和人员的精神状态而言，再次攻击是切实可行的。当时，"赤城"号的飞行员要求源田解释南云的决定。源田给出了3条理由：（1）袭击已取得预期效果；（2）再次攻击将有使特遣舰队蒙受重大损失的危险；（3）美国航空母舰下落不明。可是，尽管源田的解释合情合理，但他本人也把南云看成是一个"不易适应环境的人"。

当时渊田正坐在飞行甲板的指挥所里狼吞虎咽地吃着饭，忽然听到传来"取消攻击准备"的命令。与此同时，又看到了"赤城"号悬挂起信号旗，指示特遣舰队其余舰只做好北撤准备。渊田怒发冲冠地去找南云，一进门就问道："我们为什么不进行再次袭击？"

南云张开嘴刚要回答，草鹿抢在前面说："珍珠港军事行动的目的已经达到，现在我们必须准备以后的军事行动。"

草鹿的语气非常肯定，使渊田无法开口反驳。渊田极力忍住失望和愤怒，又难过又生气地走了出去。他因自己未能驳回南云的主张，而生自己的气，他甚至认为是由于自己的战果估计而使天平倒向持慎重态度的人一边。其实，南云早已决定只实施一次性攻击。下落不明的美国航空母舰，来自敌岸基飞机的报复的可能性——这些因素只不过坚定了他早已做出的决定。草鹿也早就认为袭击应快如闪电，撤离应快似阵风。

　　渊田认为，日军如果现在停止攻击，就犯下了功亏一篑的致命错误，此种错误，在战争历史上曾一次又一次地使将要到手的胜利化为泡影。但是，归根到底，南云是总司令，有权力做出如此决定。因此，他只好善罢甘休。他对这一决定气愤至极，以至于在以后的返航途中很少和南云说话，除非是在值勤或出于礼貌时才不得不应付几句。

　　远在东京的日本联合舰队指挥部收到南云忠一返航的电报后，许多参谋人员认为这是一个重大的错误决定，要求联合舰队司令官山本五十六命令南云忠一发动第二次袭击。但山本知道，除非条件十全十美，否则南云不会再度袭击。然而，情况果真十全十美，也就没有必要实施另一次袭击了。山本带着他常有的微笑，讽刺地说："南云此时的感觉无疑就像一个小偷一样，作案前和作案时都异乎寻常的勇敢；然而，此时他所考虑的只是带着猎物逃跑。"

　　山本五十六肩负着对一个庞大的战争计划的责任，珍珠港计划只是整个计划的一部分，尽管它是非常重要的部分。倘若在现场指挥，他可能会再度袭击，然而舰队能完好无损地返回，他同样会感到吃惊和喜悦。他一贯的政策，是把决定权留给了解情况的战地指挥官，而联合舰队参谋人员是不可能了解战地细节的。如果他根据参谋们的意见做出决定，命令南云进行第二次攻击，将使南云在部下面前失掉面子。为此，山本拒绝了否决战场指挥官决定的提议。

　　在东京海军军令部，人们的意见比较一致。袭击的前一天晚上，永野、伊藤、福留和富冈呆在位于东京闹市区的海军俱乐部里。3点30分左右，他们难以置信地听到了"虎！虎！虎！"他们非常高兴，松了一口气，但仍放心不下特遣舰队。他们考虑更多的，是美国人反击的可能性，而不是实施第二次袭击成功的可能性。在俱乐部吃过早餐后，他们回到司令部，继续他们的讨论。在讨论中，只有一人主张实施第二次全面袭击。但是，出于影响山本做决定的同样原因，这个人也反对给南云下达进行第二次攻击的命令。

南云的决定正确吗？这一问题在历史上始终争论不休，争论双方各持己见，至今没有结果，也许永远不会有定论。草鹿坚持认为，从当时局势和他们所掌握的情报来看，决定撤退是正确的。如果历史重演，他还将采取同样的步骤。与此相反，渊田和源田对未能在珍珠港袭击中一干到底始终感到不快。他们断言："夏威夷是太平洋所有军事行动的关键，谁控制了珍珠港，谁就能牢牢抓住西太平洋。日本只有占领并控制它，才能击败美国海军。"

渊田和源田由于亲身卷入此次袭击，所以忘记了山本的基本意图——打击美国太平洋舰队，使其在大约六个月内失去战斗力。这样，日本在实施占领东南亚的计划时就不会受到美国海军的侧翼攻击。就这方面讲，南云和草鹿完成了他们的使命。

然而，为数众多的美国海军将领认为，日本人做出了错误的决定。后来的太平洋舰队司令官尼米兹说："日本人未返回珍珠港一干到底，这是对我们的最大帮助。因为，他们给我们留下了喘息之机，使我们可以恢复士气，并重新组织力量。"

金梅尔认为，珍珠港基地比战列舰更有袭击价值："……如果他们当时炸毁地面上的全部燃油……这将迫使舰队撤回至美国海岸，因为其他地方没有用来维持舰队行动的燃油。"

美国海军上将斯普鲁恩斯也持有类似的看法，他说："日本人只袭击了舰艇和飞机，这是他们接受的任务，他们也严格地执行了这一任务。但是，如果日本人袭击潜艇基地、油库区以及类似设施，将会造成更大程度的破坏。"

大多数日本人，倾向山本五十六于1942年年末在一次谈话中所表达的观点："事实已经证明，未对珍珠港实施第二次袭击是一个极大的错误。"

多数战史学家认为，日本人未能充分利用瓦胡岛上的惊慌、迷惑和混乱局面把珍珠港海军基地彻底夷为平地；未能炸毁瓦胡岛庞大的燃油储备；未能找到下落不明的美国航空母舰，是日本人在整个太平洋战争中所犯下的第一个、也许是最严重的战略错误。

12月7日，星期日，空气清新，天气寒冷，白宫度过了一个宁静的早晨。

上午10时左右，罗斯福总统收到了由美国情报部门破译的那份著名的关于日本中止赫尔—野村谈判电报的第十四部分。

11时左右，罗斯福总统同中国大使胡适博士会谈了40分钟，然后回到自己的卵形书房，同他的私人顾问哈里·霍普金斯共进午餐，谈了些与战争无关的事情。

13时40分，总统的红色电话机急促地响了起来，电话是海军部长诺克斯打来的，他十分不安地告诉总统说："珍珠港遭到日本人的袭击，现在具体情况不太清楚。"

霍普金斯的直接反应是："这肯定弄错了……日本绝不会袭击珍珠港。"

但罗斯福却不这么看，他认为"报告可能是真的"。他说："出其不意正是日本人的惯用伎俩，他们可能一边就太平洋和平问题进行谈判，一边策划如何霸占它。"

14时零5分左右，罗斯福打电话告诉国务卿赫尔珍珠港遭到袭击的情况，并要求赫尔仍然答应日本特使的请求，去会见野村和来栖，但只字不要提珍珠港发生的事。他要求赫尔保持冷静，不失礼仪地接见日本特使，然后把他们送走。

国务卿赫尔最初打算拒绝会见日本特使，当时特使已于14点零3分到达国务院，正在外交官休息室等候。当得到罗斯福总统的指示后，决定以礼相待。而且这时赫尔还抱有一丝幻想，他希望日本袭击珍珠港不是真的，而是误传。

14时10分，赫尔在曾多次参加双方谈判的国务院远东问题专家巴兰提的陪同下，会见了日本特使，赫尔在会见时连坐也没有让。

野村把照会递给赫尔后，解释说："我受命于下午1点递交本照会。"对时间的推迟，他表示歉意。

赫尔问："为什么要特别定为1点钟？"

野村答："不清楚，但这是给我的指示。"

赫尔说："不管怎么说，我是在两点钟以后接到照会的。"显然，赫尔力图让两位特使牢牢记住这个时间。

国务卿打开照会，扫了一眼，然后冷冷地瞟了野村一眼，用藐视的口气说："我必须声明，我同你们在过去9个月的谈判中，从未讲过一句假话。这是有案可稽的。我在任公职的50年中，从未见过比这份照会更谎话连篇、歪曲事实的了。我至今才敢想象我们这个地球上，竟然还有一个政府能够如此不顾事实去撒弥天大谎。"

说到这里，赫尔举起右手，阻止了刚要张口进行反驳的野村，然后指向门口，让两位特使出去。

野村、来栖在返回大使馆的途中，美国的广播电台先是预告将有特别重大新闻要发布，接着就开始反复广播珍珠港遭受攻击的消息。爆发战事的紧急报道，使正在欢度星期日的美国人受到了莫大的冲击。紧张的播音员失去了平时那种沉着的语调，不时发出颤抖的声音。

接着，日本驻美国大使馆的电话被切断，除经特别许可外，一律禁止同外界往来，使馆周围配备了美国宪兵。

野村和来栖不情愿地成了日本驻美国"最后一任大使"。两个人呆坐在使馆办公室里，默默地咀嚼着在国务卿办公室里受到的"比任何一顿臭骂更为难堪"的外交礼遇。

一批又一批的普通美国人，情绪激动地包围了日本大使馆。他们接受不了日本偷袭珍珠港在他们心理上造成的刺激，准备不择手段地施加报复。

于是，有人焚烧日本国旗，有人向大使馆扔石块，还有人用装着汽油的燃烧瓶攻击大使馆。

野村、来栖等日本大使馆的人一下子失去了往日的尊贵，不得不依靠美国警察紧急行动起来解救危难。外交官变成了笼中鸟，一下子就被隔绝了6个月。

同一天，东京广播电台发布了日本大本营陆海军部公告，公告说："帝国陆海军于今天（8日）凌晨在西太平洋同美英军进入了战争状态。"

听到这个公告，日本举国上下大吃一惊。而日本的战争狂热分子则兴高采烈地欢呼："只是28字的一篇短文，但它却像一把锋利的刺刀，刺向敌国的心脏。"

东京广播电台在发布《大本营陆海军部公告》时，还配上了蛊惑人心的《军舰进行曲》和《拔刀队》的乐曲。

上午11时，日本大本营发布第二号新闻公告："帝国海军于今天（8日）凌晨对夏威夷方面的美国舰队和空军断然进行了猛烈的大规模空袭。"

11时40分，日本公布了天皇的宣战诏书。

日本对珍珠港的破坏性空袭唤醒了美国人民，历史上从未有任何一个事件起过如此的作用。从东海岸到西海岸，从南方到北方，美国人气愤地传送着一些悲惨的消息，并把它们深深地印在脑海里。对于珍珠港的大多数人来说，他们经历了一次创伤后的震惊。然而，对于美国人民来说，感情比震惊更为强烈地搅动着他们。惊奇、恐惧、迷惑、悲哀、受辱以及洪水般的怒潮交织在一起，刺激每个美国人的大脑，使美国人民震颤。这种深入骨髓的气愤和仇恨，其内涵是那样的令人激动，如此多种多样，如此紧密地交织在一起，以至于难以用连贯的富有逻辑的模式，把它们一一列出。

此前不久，太平洋沿岸的一些观察家，在看到一船船钢铁和其他有战略价值的物资从美国运往日本时，曾预言：某一天，这些东西将制成日本炸弹，再回到美国来。现在，整个美国心照不宣地承认，观察家们的预言是准确的。阿肯色州的《新闻报》用这样一句简洁的话来表达美国人的愤怒之情："现在可以看出，日本是一个最对不起我们的顾客。"

美国人在日军扔在珍珠港的炸弹爆炸声中猛醒。从这一天开始，美国人不再站在远处观望，不再把这场战争视为与己无关的事情了。痛恨之情唤起了一种直接参与的激情，这种激情导致了全国上下拧成一股绳。是日本人促使了每一个普通美国人去从事一种事业，一种他们深刻理解而且值得为此而战的事业。

太阳慢慢落到白宫的后面，白宫行政办公室的窗户透着灯光。来往车辆经过此地时，都减速缓行，司机和乘客伸长脖子，望着这个自己国家政府和权力的所在地。白宫的警察们不时地催促着观看者离去，然而还是有一些人从早到晚一直站在那里，默不作声地望着那透着灯光的窗户，似乎想要钻进屋内看一看那些决定美国命运的人正在做出什么决定。

罗斯福的内阁成员于20点30分在卵形书房开会，与会者中只有霍普金斯是非内阁成员。

总统神色凝重地说："这是1861年内阁成立以来最严肃的一次会议。发生的事情，你们都已知道了……但我们到目前为止还不十分清楚那里的具体情况。"

有人问："总统先生，我们几个人刚乘飞机赶到，除了那骇人的大字标题'日本人袭击珍珠港'外，其他一无所知。您能否详细谈一谈？"

于是，总统就他所知讲了起来："今天上午8点多钟，一大群日本轰炸机突然对我珍珠港内的军舰及所有机场进行轰炸……我非常难过地得知，我方伤亡惨重，8艘战列舰中已有3艘被击沉，或许是4艘，停泊在干船坞内的2艘驱逐舰被炸毁，2艘战列舰严重受损，几艘小型军舰不是被击沉就是被击毁，干船坞也遭破坏。舰队余部尚在海上，它们在足够的海上力量的护航下，正驶向海上的我航空母舰。"

"明天，"罗斯福说，"我将在国会演讲，现在请诸位对演讲稿提出意见。"

接着，罗斯福宣读了由他口述的演讲咨文。

听了罗斯福宣读的咨文，有人提出这篇咨文"虽然行文铿锵有力，但却只从目前这场袭击实属背信弃义这一基点出发，流于肤浅，它未涉及日本长期以来无视国际法的行径，也未提到日本同德国之间的勾结……"

内阁成员斯廷森和赫尔提出，"希望总统就日美谈判过程问题做一次详细报告"。其他人都倾向于拟出一篇行文简短有力的咨文。最后，经过一番讨论，确定了咨文的基本内容，总统将根据讨论的结果对咨文做进一步的修改。

内阁会议刚刚结束，参众两院的首脑人物就走了进来。参议院的首脑人物有：多数派领袖巴克利，他的对手共和党领袖理麦克纳里，对外关系委员会主任康纳利及同事约翰姆，军事委员会的沃斯汀。

来自众议院的有议长雷伯恩，多数派执行领袖库珀，少数派领袖马丁，外交事务委员会主席布卢姆以及议员伊顿。

面对聚集在此的国会议员们，总统直截了当地说出了自己对珍珠港事件的处置意见。

袭击珍珠港一事对国会议员们震动极大，他们默默无声地坐在那里，甚至在总统发言之后，说话也很少。

有人问及日本人的伤亡情况，总统回答说："这个问题有点难以回答。我们估计击沉他们几艘潜艇，但尚不知……我们知道击落几架日本飞机。"但是，总统又说："上次战争就有这样的情况，某人说他打下5架敌机，另一人又说他打下15架，但实际上打下来的并不多。我应该说，到目前为止，尽管我们也给日本人带来一些损失，但损失巨大的是我们。"

有人问："据传说，一艘日本航空母舰在巴拿马运河被击沉，这一消息是否可靠？"罗斯福对这一传闻未加证实，尽管他很希望这个传闻是真的。

罗斯福补充说："我国整个西海岸和全美洲西海岸的主要防御力量，今天遭到了严重破坏。"他请求明日12点30分在国会发言，这一请求得到了参众两院的批准。

接着，罗斯福又概述了日本人是如何开始袭击的。他指出："日本人昨天夜里极可能在距夏威夷四五百海里的地方，而不在美国飞机的巡逻区域内……"

但是，参议员康纳利没有心思听这些抱歉的话。在发言过程中，他越来越激动，大声喊道："地狱已经着火，我们做了些什么？"

"这正是关键所在！"罗斯福回答说。

康纳利又转向海军部长诺克斯质问道："我们做了些什么？"

诺克斯刚想开口，怒气冲冲的参议员便打断了他："上个月，你不是说我们能在两周内吃掉日本吗？你不是说我们的海军已部署完毕，日本人休想动我们一根毫毛吗？你在向公众做出这一声明时，是不是要告诉全国人民你是一位能干的海军部长？"

倒霉的诺克斯是与会者中受指责最多的一个，他力图找到托辞。

罗斯福一言不发，只是面无表情地坐在那里。

康纳利根本不想放过海军部长。"你为什么让这么多的军舰挤在珍珠港里？"他尖刻地问，"你为什么要在珍珠港入口处安上木头链子，让我们的军舰出不来？"

康纳利知道在珍珠港安装反潜网一事，但他不明白反潜网不会阻挡军舰从珍珠港出来，因此，他的这一指责毫无道理。

"为了保护我们免受日本潜艇的袭击。"诺克斯用颤抖的声音回答。

"那么，你从未想过会有空袭？"康纳利问。

"没有。"诺克斯承认道。

"那么，我们的港口还被认为是处于戒备状态，"康纳利说，"如果他们处于戒备状态……我奇怪他们怎么会受到日本人的袭击，更令我吃惊的是海军所发生的这一切。他们当时还在熟睡，我们的巡逻机到哪儿去了？他们知不知道正在进行谈判？这是大家都想听到答案的问题。"

诺克斯没起来进行反驳，因为他无以对答。他永远也解释不清楚为什么会发生这种事件。

然而，事情毕竟已经发生了，所有的愤怒、怨恨、悲伤和困惑，都不能使时光倒流。

国会议员和内阁成员直到23点才离开白宫。当这些职位显赫的人士在白宫大门口出现时，早已等候在那里的一大群记者迅速围了上去。但没有一个人肯接受记者的采访，因为他们的心情实在是糟透了。他们不知道如何回答记者们提出的问题。

第二天，罗斯福总统身披深蓝色海军斗篷，乘车来到国会大厦，登上讲台，开始了一生中最令他难忘的演说：

"昨天，1941年12月7日，永远是耻辱的日子。这一天，美利坚合众国遭到了日本帝国海军和空军的袭击。在这以前，美国和日本处于和平状态……昨天对夏威夷群岛的袭击，使美国的陆、海军遭到了严重的损失。大批美国人遇难。昨天，日本政府出兵马来亚。昨天，日本军队进攻了香港。昨夜，日本军队进攻了菲律宾群岛。昨夜，日本军队进攻了威克岛。今晨，日本军队又进攻了中途岛……我们将永远记住，这种向我们的进攻意味着什么……不管要打多久都要挫败这场蓄谋已久的侵略，美国人民依靠正义的力量，一定能排除万难，赢得最后的胜利……战争已经爆发，我们不能不看到，我们的人民，我们的领土，我们的利益，都处在万分危急之中。只要信赖我们的军队，只要依靠人民无比坚强的决心，我们就一定能获得最终的胜利……愿上帝保佑我们。

"我们请求国会宣布：自12月7日星期天无端发动这场卑鄙的进攻之时起，美国和日本帝国之间已处于战争状态。"

罗斯福宣布：12月7日为美国的国耻日。

当天下午4时10分，美利坚合众国签署对日宣战书。

12月8日，英国也宣布同日本处于战争状态。

12月9日，中国国民党政府在中日战争进行了四年之后，正式对日本宣战。

接着，加拿大、澳大利亚、荷兰、新西兰等20多个国家相继对日宣战。

第二次世界大战由此演变成一场全球性的大规模战争。

珍珠港之战，日军以损失飞机29架、潜艇1艘和微型潜艇5艘的微小代价，击毁击伤美军8艘战列舰和10余艘其他主要舰只，击毁美机232架，毙伤美军4500余人。日军袭击珍珠港，给美国太平洋舰队以重创，使日军一举掌握太平洋地区的制海制空权，为其进攻菲律宾、马来亚和荷属东印度创造了有利条件。这一战争史上罕见的结果，是由多种因素造成的。

从日本方面讲，在战略战役指导上有三点特别突出：

一是制定了一个非常优秀的战役计划并通过扎实的工作努力保证这一计划的实现。偷袭珍珠港是一个非常大胆的计划，下定这一决心是一件极为不易的事情。计划的制订者不仅需要有对战场形势的正确判断作基础，而且还要敢于冲破传统海战思想樊篱的束缚，与"大炮巨舰决战"思想决裂。山本五十六提出这一设想后，经过日本海军决策层的不断调整和完善，终于使偷袭计划成为既富有创造性又有客观可行性的作战计划。日军为执行这个计划，进行了不懈的努力。从精心改进鱼雷兵器到部队刻苦训练轰炸技术，从开战前的细致入微的侦察到一系列战略战役伪装手段的运用，无处不体现出日本人的坚毅、顽强、务实和严密的精神。对此，专门研究珍珠港事件的美国海洋战史学家普朗格博士感慨地说："山本是珍珠港计划的发起者和策划人，但是毫不夸张地说，数百人的努力保证了这一方案的成功，他们包括从南云到普普通通的检修工。珍珠港方案的策划者们，几乎毫无例外的个个都是思想家。他们乐观但不草率，他们明白人的运气是有限的，必须伸手去摘果子，而不是去等它掉进自己嘴里。"

二是及时到位的战略战役侦察为机动部队提供了正确可靠的行动依据。孙武在《孙子·地形篇》中说："知彼知己，胜乃不殆；知天知地，胜乃不穷。"从日本开始拟制偷袭珍珠港作战计划的那一天起，海军情报部门就把搜集美国特别是美海军的情报作为工作重点中的重点。1941年5月以后，为了掌握有关珍珠港和美国太平洋舰队的情况，仅以各种身份在夏威夷地区活动的日本间谍就达200人。在开战之前，日本人已完全查明了瓦胡岛的对空对海防御设施、兵力部署、战备状况，以及舰艇飞机的种类、数量和驻泊情况等，并摸清了美军的活动规律。临开战前，从12月2日开始，驻檀香山的日本总领事馆每天都向东京报告珍珠港内有关主要舰只停泊、水中防潜防雷网栅以及空中阻拦气球等方面的情况。为了摸清北太平洋的海上情况，多次派遣现役海军军官化装成商人或船员，对机动部队预定通过的海域进行实地调查。10月15日派人侦察了横滨至檀香山的商船常用航线；10月20日派人侦察了北方商船常用的航线；10月22日又派人沿着机动部队偷袭时的预定航线进行了仔细的考察，弄清了这条航线上的气象、海况，以及能否进行海上加油、可否使用水上飞机、有无商船来往等有关情况。在开始袭击前，还派出了潜艇和侦察机进行实时侦察，以进一步查清最近期的情况。通过这些侦察，使日军基本掌握了珍珠港的主要情况，为采取正确的突袭行动方案提供了可靠依据。

三是有效的保密措施确保偷袭行动达成了突然性。袭击珍珠港的成败，关键取决于能否达成战役突然性。在这方面，日本人干得很出色。为了隐匿发动战争的真实企图，日本政府于1941年春季派野村吉三郎为驻美大使。因为野村是美国总统罗斯福的朋友，又一向以提倡与美英亲善而闻名，启用此人扮演"和平使者"的角色，容易起到欺骗作用。野村到华盛顿后，在半年时间内，先后与美方会谈数十次，均无结果。为使这一骗局不被美国识破，日本首相于1941年7月亲自致函罗斯福总统，表示"两国间并无不可用谈判方式解决的问题"，日本"决不侵犯英、美在南洋的利益"，以美好的谎言蒙骗美国领导人。直到12月8日（东京时间）开始袭击珍珠港时还在与美国谈判，以造成日本不想开战的假象。日本联合舰队在战役伪装方面，采取了多种措施。到1941年10月前，知道偷袭珍珠港计划的，只有几位参与研究和制订计划的人。联合舰队与海军军令部之间就此问题所进行的一切交涉，都是在极其秘密的情况下进行的。进入10月以后，由于战备工作的需要，才向担任突袭任务的第1航空舰队所属的战队指挥官、参谋、航空母舰舰长、航空部门长和飞行队长传达计划的有关部分。在机动部队由单冠湾出发时，仍然只有一小部分人知道作战行动的目标。机动部队各舰只向单冠湾集结时，选用不同航线，分批前往：有的先西后东，取道日本海；有的先南后北，绕过小笠原群岛、南鸟岛后，再驶往集结地域。各舰从本土一启航，就严格实行无线电静默，以免暴露舰队的位置。在南云部队逼近瓦胡岛后，故意把横须贺海军某部的官兵送去东京游览名胜古迹，装出一片太平景象。这些手段的运用，使本来警惕性就不高的美国人如坠雾里，一直没有摸透日本人想干什么。

从美国来讲，战略战役指导上出现的一系列失误，导致了珍珠港的悲惨结局。美国人对战争全局的判断自始至终都是错误的，先是判断日本人可能北上，与德国人共同夹击苏联，后来看到了日本南下的企图，但又认为主要是进攻东南亚，不敢对美国的本土开刀。日本在突袭前曾暴露出一个又一个征候：关于答复"赫尔备忘录"的第14部分的电报被美国破译；美军在珍珠港发现不明国籍的潜艇；在雷达屏幕上发现大批机群飞向瓦胡岛，等等。但是，美国人对这些征候麻木不仁，视而不见，直到日本人的炸弹落到自己头上时，还误以为是在演习，后来在炸弹的连续爆炸声中，才猛然发现"这不是演习"！

美国宣战

◆ 1941年12月8日，美国总统罗斯福在国会发表演说，宣布美日已处于交战状态。

◆ 珍珠港事件后，美国的宣传画"仇敌"。

◆ 美国妇女参战。

◆ 美国公众通过广播收听罗斯福总统的讲话。

◆ 美国儿童争献家用铝制品，让国家制造更多的飞机。

◆ 美国参谋长联席会议制定对日作战方案。

◆ 珍珠港事件后，罗斯福与丘吉尔会谈，商讨对德意日作战问题。